Hedy Lötscher-Gugler
Lernen mit Zauberkraft

Hedy Lötscher-Gugler

Lernen mit Zauberkraft

NLP für Kinder

Patmos

Bibliografische Information der Deutschen Nationalbibliothek
Die Deutsche Nationalbibliothek verzeichnet diese Publikation
in der Deutschen Nationalbibliografie; detaillierte bibliografische Daten
sind im Internet über http://dnb.d-nb.de abrufbar.

6. Auflage 2008
© 2000 Patmos Verlag GmbH & Co. KG
Walter Verlag, Düsseldorf
Alle Rechte vorbehalten
Printed in Germany
ISBN 978-3-491-40128-0
www.patmos.de

Gewidmet meinen Töchtern Wilma und Anja.

Wir haben voll Vertrauen und Neugier vor vielen Jahren gemeinsam eine Reise begonnen und dabei äußere und innere Landschaften entdeckt.

Ich bin dankbar für die vielen kostbaren, glücklichen, bezaubernden und herausfordernden Augenblicke.

Inhalt

Vertrauen

Wenn wir an den Rand all des
Lichtes gehn, das wir haben,
Und diesen Schritt in die Finsternis
des Unbekannten tun,
Müssen wir glauben, daß eines von zwei
Dingen geschieht:
Dort wird etwas Solides für uns sein,
worauf wir stehen können,
oder wir werden
fliegen lernen

Patrick Overtor[1]

Vorwort

Liebe Leserin, lieber Leser,

irgend etwas am Wort »lernen« oder »Zauberkraft« hat dich wahrscheinlich so angesprochen, daß du beschlossen hast, das Buch zu lesen oder zumindest damit zu beginnen. Vielleicht hat das Wort »Zauberkraft« in dir auch ein Gefühl von Neugierde und Optimismus ausgelöst.

Ich erlaube mir, in diesem Buch einfach das »Du« zu brauchen. In meinen Seminaren verwende ich die Du-Form und mache stets die Erfahrung, daß die Beziehung zu den Kursteilnehmern persönlicher wird, gerade auch im Hinblick auf die vielen praktischen Übungen.

Obwohl du das Buch wahrscheinlich liest, um die eigenen oder andere Kinder beim Lernen zu unterstützen, möchte ich dich ermuntern, zuerst selber die Übungen auszuprobieren. Mit eigenen positiven Erfahrungen kannst du viel wirkungsvoller und überzeugender Kindern die Übungen vermitteln.

Lernen, wie ich es verstehe, beschränkt sich nicht auf Lernen in der Schule, sondern ist ganzheitliches Lernen: mit Herausforderungen des Lebens flexibel, kreativ und zielgerichtet umgehen. Solchen Situationen, die für uns herausfordernden Charakter haben, begegnen wir jeden Tag im Beruf, in den Beziehungen mit Menschen und in der Freizeit. Auch gerade im Beruf werden immer mehr Anforderungen gestellt. Es geht immer mehr darum, umzulernen, neue Fähigkeiten zu entwickeln, innovativ zu sein. Am wohlsten fühlt sich dabei ein Mensch, der neue Herausforderungen liebt, auf seine Fähigkeiten vertraut und begierig und voll Vertrauen Neues lernt. Das ist sicher auch etwas, das wir unseren Kindern wünschen.

Lernen passiert natürlich absolut nicht nur über Bücher oder in der Schule. Wir können von allem lernen, was uns begegnet. Jeder Mensch, dem wir begegnen, hat eine Botschaft für uns. Es liegt an uns, sie zu entdecken. Das klingt vielleicht etwas ungewohnt. Diese Haltung kann uns aber viele interessante Erfahrungen vermitteln und läßt uns Neues über uns und die Welt entdecken.

Um es nochmal zu sagen: Lernen können wir grundsätzlich von allem, was uns begegnet – Mensch, Tier, Natur, Bücher, Gegenstände... Dazu eine kleine Geschichte:

Was ich vom Kieselstein lernte

Es war vor ein paar Jahren. Ich wollte noch dringend im Lebensmittelgeschäft ein paar Einkäufe erledigen und war sehr in Eile. Ich war um 13.50 Uhr vor dem Laden, der öffnete jedoch erst um 14.00 Uhr und nicht, wie ich glaubte, eine halbe Stunde früher. Da stand ich nun gestreßt und ungeduldig auf die Uhr blickend und dachte, daß ich eigentlich keine Zeit hätte, hier zu warten.

Plötzlich fiel mein Blick auf einen kleinen Kieselstein, der etwa drei Meter vor dem Eingang auf dem Boden lag. Er wurde von der Sonne beschienen. Ich fragte mich, wie lange dieser Kieselstein wohl schon hier lag, völlig ruhig, manchmal hin und hergeschoben von eiligen Füßen. Je mehr ich mich in die Welt des Kieselsteins hineindachte, wie es wohl ist, einfach da zu sein, von der Sonne beschienen, ruhig, gelassen abwartend, wie sich der Schatten langsam vortastet; sich wundernd über die Menschen, die eilig vorbeihasten mit strengen Gesichtern – desto ruhiger und gelassener wurde ich. Plötzlich schien es mir, als würde der Stein mir seine Geschichte erzählen, wie er vor dieses Haus gebracht wurde und wie er hier lebt, während Sommer und Winter vergehen. Ich hatte auf einmal das Gefühl, daß Zeit überhaupt keine Rolle spielt – ich spürte nur eine tiefe Ruhe in mir.

Als das Geschäft öffnete, verbrachte ich noch ein paar Augenblicke mit dem Stein und dankte ihm für seine Botschaft. Ich hatte sogar das Gefühl, daß auch er glücklich war über die Begegnung. Vielleicht war es ja seine Bestimmung, hierher zu kommen vor dieses Geschäft, damit ich etwas über Ruhe und Gelassenheit lernen konnte.

Und vielleicht habe ich mir alles nur eingebildet. Tatsache ist, daß ich völlig ruhig und mit dem Gefühl, etwas entscheidend Neues gelernt zu haben, nach Hause ging. Noch heute, wenn ich an den Kieselstein denke, löst das in mir ein Gefühl von Ruhe und Gelassenheit aus.

Nichts hat eine Bedeutung, außer der Bedeutung, die wir ihm geben. Der Kieselstein an sich hat vielleicht keine Bedeutung. Ich habe ihm eine bestimmte Bedeutung gegeben und dadurch etwas Kostbares für mich gelernt.

So einfach und fantastisch kann Lernen sein.

Als ausgebildete Lehrerin und Logopädin kam ich 1987 in Kontakt mit Neurolinguistischem Programmieren (NLP). Es hat mich sofort fasziniert. Das Visualisieren (Vorstellen von inneren positiven Bildern) war mir damals schon sehr vertraut vom Autogenen Training her, und ich hatte mit Hilfe der Vorstellungskraft schon wunderbare Erfahrungen gemacht. Während und nach der NLP-Ausbildung begann ich Übungen für Kinder zu kreieren, die sie unterstützen, innere Ressourcen zu entdecken und Ziele zu erreichen. In diesem Buch sind viele dieser Übungen beschrieben. Sie eignen sich natürlich auch für Jugendliche und Erwachsene. In vielen Interventionen geht es darum, einschränkende Muster zu lösen und damit mehr Wahlmöglichkeiten zu haben. Die Magic line card, die hinten im Buch liegt, ist dabei eine große Unterstützung.

Ein paar Übungen aus der Neuen Homöopathie nach Erich Körbler® fließen mit ein.

Geschichten und Fantasiereisen laden zum Träumen ein und unterstützen persönliches Wachstum.

In meiner Praxis *Tierra Sol*, wo ich mit Kindern, Jugendlichen und Erwachsenen arbeite, bin ich immer wieder überrascht, wie leicht und schnell Veränderungen möglich sind. Es macht mir große Freude, neue Übungen zu kreieren, die zu Wohlbefinden und Ganzheit führen. Meine Töchter probieren gerne meine neuesten Erfindungen aus und geben mir wertvolle Feedbacks.

Ich möchte hier allen Menschen danken, die mich auf meinem äußeren und inneren Weg unterstützt haben.

1. Teil
Leicht lernen – eine abenteuerliche Reise

1. Die ersten sicheren Lernschritte

Ein chinesisches Sprichwort sagt: »Auch ein Weg von tausend Meilen beginnt mit dem ersten Schritt.«

Wer einen guten Start hat, kommt sicher leichter und beschwingter voran und erlebt die Reise als Genuß. So können auch die ersten Lernerfahrungen des Kindes entscheidend sein für sein weiteres Lernen.

Wenn wir ein kleines Kind beobachten, das selbständig die ersten Schritte macht, so können wir schon viel über das »leichte Lernen« entdecken. Das Kind bestimmt meistens selber, wann es bereit ist, die helfende Hand oder den Stuhl loszulassen, um alleine zu gehen. Es hat dabei ein bestimmtes Ziel vor Augen, das es anpeilen will, und wo es wieder Halt und Sicherheit findet. An seinen Augen ist zu erkennen, daß es den starken Wunsch hat, laufen zu können und den Mut, es zu tun. Die strahlende Freude, wenn es gelingt, und die lobende Unterstützung der Eltern motivieren das Kind zu weiteren Experimenten.

Während der ersten Lebensjahre lernen die Kinder unglaublich viel und meist auf sehr spielerische Art und Weise. Das Lernen geschieht über alle Sinnesorgane: sehen, hören, fühlen, riechen, schmecken. In wenigen Monaten können sich die Kinder einen riesigen Wortschatz aneignen und viele Bewegungsmuster lernen. Sie werden geleitet von Neugier, Entdeckungslust und Freude.

Jede positive Erfahrung trägt dazu bei, daß das Kind immer mehr an sicherem Boden gewinnt und voll Vertrauen Neues in Angriff nimmt. Kommt noch ein positives Umfeld dazu, das das Kind lobt, ermutigt und stärkt und die Grenzen so setzt, daß das Kind an ihnen wachsen kann, sind die Bedingungen optimal. Seine Fähigkeiten, offen, neugierig, flexibel und kreativ zu sein, und sein Selbstvertrauen werden ständig wachsen.

2. Stolpersteine beim Lernen

Zugegeben, nicht alle haben die gleich gute Ausgangslage. Noch ist nicht, auch nicht von der Wissenschaft, genau auszumachen, was und wieviel uns in die Wiege gelegt wird. Noch vor ein paar Jahren wies man dem Intelligenzquotienten (IQ) eine große Rolle zu, als eine fast festgelegte Größe, die wir mitbringen. Diese Ansicht ist unterdessen überholt. »Der Anstieg des allgemeinen Intelligenzniveaus zeigt uns, daß die Intelligenz keineswegs eine starre, unveränderliche Größe darstellt – sie ist vielmehr äußerst anpassungsfähig und umfangreichen Wandlungen unterworfen. Diese können Weiterentwicklung oder Rückschritt bedeuten – je nach Art der Reizbeeinflussung, der das Gehirn in seiner Umgebung ausgesetzt ist.«[2] Je häufiger wir das Gehirn benutzen, desto mehr synaptische Verbindungen werden zwischen den Zellen aufgebaut.

Im Gespräch ist in letzter Zeit vor allem der EQ (Emotionale Intelligenz). Damit ist gemeint, daß Emotionen und Einstellungen ein viel größeres Gewicht in unserem Erleben haben als bisher angenommen.

Es ist nicht immer so, daß ein Mensch, der erfolgreich in der Schule ist und vorgegebene Ziele bestens erreicht, später im Beruf und in Beziehungen genauso erfolgreich ist. Es kann sein, daß hier andere Qualitäten gefragt sind wie Eigenverantwortung, Kreativität, Flexibilität und Teamfähigkeit.

Es kommt häufig genug auch vor, daß schwächere Schüler später einen Beruf finden, in dem sie genau ihre speziellen Fähigkeiten und Stärken entfalten und einsetzen können. Sogar von Genies wie Einstein kann man lesen, daß sie in der Schule schwache Leistungen erbrachten. Es kann natürlich sein, daß der Schulrahmen oft so eng gefaßt ist, daß er gerade kreativen Kindern wenig oder keinen Spielraum läßt. Dann ist wahrscheinlich die Frage, ob das Kind genug Ausdauer und ein gutes Selbstwertgefühl hat, um die Schule unbeschadet zu überstehen und erst später seine speziellen Fähigkeiten zu entfalten.

Optimal ist natürlich schon eine Schule, die das Kind nicht bremst und in seinen Fähigkeiten blockiert, sondern so unterstützend wirkt, daß sich das Kind voll entfalten kann. In einigen Schulen versucht man auch neue Wege und bietet erweiterte Lernformen an wie Lernwerkstätten und Ateliers. Dort haben die Kinder mehr Wahlmöglichkeiten.

Seine frühesten Erfahrungen macht das Kind aber bereits im Mutterleib. Der Gynäkologe Dr. W. Weber schreibt in seinem Buch *Krankheit als Ausdrucksform,* daß eine vorgeburtliche Prägung der Ich-Ebene schon unmittelbar nach der Zeugung erfolgen kann. »Das heißt aber mit anderen Worten, daß spätestens 14 Tage nach der Zeugung, also pünktlich mit Ausbleiben der Periode, ein Wesen mit einem Körper, einer Persönlichkeit und einem Ich vorhanden sein muß, welches empfindet, und zwar nicht über Sinnesorgane, sondern über andere, bisher unbekannte Kanäle.«[3] Zustände der Mutter wie Ängste, Unruhe, Nervosität und Verzweiflung werden auf das Ungeborene übertragen und lösen »Verunsicherung« aus.

Das Energiefeld des Kindes wird durch störende Einflüsse geprägt. Der Körper speichert diese Erfahrungen in den Zellen. So können sich schon während der Schwangerschaft Gefühlsmuster wie Angst bilden.

Der Psychologe Stanislav Grof beschreibt vor allem die Geburt als kritischen Zeitpunkt für traumatische Erlebnisse. Das Kind kann den Geburtsvorgang als lebensbedrohend empfinden. Die Erfahrung kann sich im Glaubenssystem speichern in Form von Überzeugungen wie: Meine Mutter hat mich verlassen. Ich bin allein. Niemand liebt mich. Die Welt ist gefährlich.

In den ersten Lebensjahren kann das Kind ebenfalls starke Prägungen erleben. Prägungen sind starke Eindrücke, die das Kind bei einer bestimmten Erfahrung wahrnimmt. Das Kind leitet daraus Glaubenssätze oder Überzeugungen über sich oder die Welt ab, die meist unbewußt bestehen bleiben. Glaubenssätze sind eine Art persönliche Lebensregel. Sie haben das Ziel, vor wiederholten Fehlern und Gefahren zu schützen. Je jünger ein

Mensch ist, wenn sich ein Glaubenssatz verankert, desto größeren Einfluß hat er oft auf sein Leben.

In einer Situation, in der das Kind starke Angst erlebt, können sich Glaubenssätze herausbilden wie: »Ich bin allein.«, »Ich bin verloren.« oder »Die Welt ist gefährlich.« Von außen gesehen muß das überhaupt keine sehr dramatische Situation sein. Es kann sogar sein, daß die Eltern in Reichweite sind, den Gefühlen des Kindes aber keine große Beachtung schenken. Vielleicht hat das Kind auch keine Möglichkeit, sie auszudrücken. Das innere Erleben entspricht oft nicht den Beobachtungen, die von außen gemacht werden können. Wenn das Kind nun eine solch prägende Erfahrung macht, die isoliert bestehen bleibt und nicht aufgelöst wird, sei es im Gespräch, durch Körperkontakt, durch das Erleben einer gegenteiligen positiven Situation, bleiben die einschränkenden Glaubenssätze bestehen. Einschränkende Glaubenssätze wirken sich aber auf das Verhalten und die Gefühle aus und prägen die Persönlichkeit.

Wenn ich mit Kindern an Lernstörungen arbeite, ist für mich deshalb nicht nur das gegenwärtige Problem entscheidend. Es steht praktisch immer ein einschränkender Glaubenssatz dahinter wie: »Ich kann das nicht!«; »Ich lerne das nie.«; »Ich bin ein Versager.«; »Ich bin dumm.«

Meine verschiedenen therapeutischen Methoden erlauben mir, das Ursprungserlebnis, das den Glaubenssatz entstehen ließ, herauszufinden: sei es über den Muskeltest (ein Testverfahren, das man in der Kinesiologie anwendet), über die Universalrute (ein Testinstrument, das in der Neuen Homöopathie nach Erich Körbler eingesetzt wird) oder über Trance. Es gibt verschiedene therapeutische Ansätze, einschränkende Glaubenssätze aufzulösen. Einige Möglichkeiten werden im Kapitel 2 und 3 beschrieben. Falls massive einschränkende Glaubenssätze vorliegen, ist es wichtig, professionelle therapeutische Hilfe zu holen.

Lernstörungen sind häufig mit Gefühlen von Angst, Versagensangst, mangelndem Selbstvertrauen, Selbstwerteinbruch und Alleinsein, Getrenntsein gekoppelt. Angst wirkt leistungshemmend. Angst äußert sich in Selbstzweifeln, negativen Gefühlen und ist auch verknüpft mit körperlichen Reaktionen. Sie wirkt bedrückend, lähmend und nagt am Selbstwertgefühl. Angst ist eine Form von Streß, Distreß genannt.

Von Angst oder Distreß kann man den Eustreß unterscheiden. Als Eustreß bezeichnet man einen Zustand einer belebenden, angenehmen Spannung. Man erlebt irgend etwas als Herausforderung, wobei man in seine Fähigkeiten vertraut und daran glaubt, die Aufgabe zu lösen. Man fühlt sich der Herausforderung gewachsen und packt sie voll Selbstvertrauen an. Meistens macht man die Erfahrung dabei, daß es sogar Spaß macht.

In der neueren Fachliteratur findet man den Begriff *flow* für einen solchen Zustand. Mihaly Csikszentmihalyi beschreibt *flow* in seinem gleichnamigen Buch als »Freude, Kreativität und den Prozeß vollständigen Einsseins mit dem Leben«.[4] Im flow-Zustand wird psychische Energie oder Aufmerksamkeit auf ein realistisches Ziel gerichtet, wobei die erforderlichen Fähigkeiten den Handlungsmöglichkeiten entsprechen. Eine optimale Erfahrung wird als *flow* bezeichnet. Wenn wir eine Herausforderung annehmen, im Wissen, daß wir über die entsprechenden Fähigkeiten verfügen oder sie aktivieren können, dabei die Aufmerksamkeit so intensiv ist, daß wir uns von nichts ablenken lassen und sogar die Zeit vergessen, sind wir in einem flow-Zustand. Solche Momente sind für die meisten Menschen die erfreulichsten im Leben. Die beiden wichtigsten Dimensionen der Erfahrung – Herausforderungen und Fähigkeiten – müssen aufeinander optimal abgestimmt sein, um einen flow-Zustand zu erleben. Wenn die Herausforderung zu hoch ist und wir die erforderlichen Fähigkeiten nicht aktivieren können, erleben wir Unsicherheit und Angst. Hingegen entsteht Langeweile, wenn wir nicht gefordert werden und wir unsere Fähigkeiten nicht nutzen können. Glückliche Menschen suchen sich Herausforderungen, wo sie sich mit Energie und Begeisterung hineinbegeben, dabei neue Fähigkeiten entwickeln und kreative Lösungen finden. Die Leistung geht wie eine Spirale nach oben und führt zu einem veränderten Zustand des Bewußtseins, was das Wachstum des Selbst bedeutet.

Neuanfänge können heikle Momente sein, und die ersten Erfahrungen auf einem neuen Gebiet können zementierend wirken. Hier ist die Frage zentral, ob man etwas als Eustreß oder Distreß erlebt. So können die Erfahrungen in der ersten Schulklasse sich besonders stark auf den persönlichen Lernweg auswirken.

Ich habe schon oft mit Dritt-, Viertkläßlern gearbeitet, die Probleme im Lesen und Schreiben hatten, bei denen aber die ersten negativen Erfahrungen der ersten Klasse gespeichert waren und die weiteren Erfahrungen prägten.

Es lohnt sich, relativ schnell einzugreifen, weil sich auf Erfahrungen sehr rasch Gefühls- und Glaubensmuster herausbilden. Solange die Muster noch nicht gefestigt sind, kann man sie noch viel leichter lösen.

Einmal habe ich mit einem Mädchen in der dritten Klasse gearbeitet. Es hatte seit dem Lehrerwechsel Probleme im Diktat. Es sagte dazu: »Dieser Lehrer macht schwere Diktate. Ich kann bei ihm nicht unter sieben Fehlern machen.« Es hatte tatsächlich seit dem ersten Diktat sieben Fehler und schaffte es nicht darunter. Bei der früheren Lehrperson in der zweiten Klasse hatte es aber oft null Fehler. Ich habe mit dem Kind in einer Sitzung die negativen Diktaterfahrungen aufgelöst und einen neuen Glaubenssatz installiert. Seither sind viele Jahre vergangen, und heute ist sie eine sehr gute Rechtschreiberin.

Eine »negative Karriere« auf einem bestimmten Gebiet kann tatsächlich so beginnen. Eine negative Erfahrung löst Angst und Frustration aus und nagt am Selbstwertgefühl. Eine nächste ähnliche Situation aktiviert Gefühls- und Denkmuster. Der Druck wird verstärkt, Angst vor der Angst taucht auf. Wenn diese zweite Erfahrung auch negativ ausgeht, verfestigen sich die Gefühle und Glaubenssätze. Und irgendwann nach weiteren Fehlschlägen hat man das Gefühl, daß dies unabänderlich zu einem gehört. Vielleicht versucht man, wenn möglich, solchen Situationen auszuweichen, sie zu umgehen. Die Motivation, sich damit auseinanderzusetzen, nimmt immer mehr ab. Kinder, bei denen das ein bestimmtes Schulfach betrifft, dem sie nicht ausweichen können, entwickeln häufig ein Gefühl von Resignation: »Es hat ja doch keinen Sinn.«

Lernprobleme müssen aber nicht zwingend in der ersten Klasse beginnen. Oft geht eine Lernstörung auf eine oder mehrere frühere Erfahrungen zurück, als das Kind zum Beispiel Angst vor einer neuen Situation hatte. Wenn nun das Kind in der Schule eine Prüfung hat und sich im Lernstoff unsicher fühlt, kann das früher gespeicherte Angstmuster aktiviert werden und Angst vor Versagen auslösen.

Bei einer Drittkläßlerin mit Rechenproblemen kamen wir als Ursprungssituation auf den Zeitpunkt der Geburt. Es stellte sich heraus, daß das Problem mit »Raum« zu tun hatte. Neue Räume lösten Streß und Angst aus. Der erste Raumwechsel war vom Mutterleib in den Kreißsaal. Später spielten Räume eine Rolle, die mit bestimmten Erwartungen verknüpft waren: Schulräume, der Zahlenraum 1–10, der Zahlenraum bis 100 ...

Nachdem wir »Raum« mit verschiedenen therapeutischen Möglichkeiten umgeschrieben hatten, verbesserten sich die Leistungen im Rechnen in beeindruckender Weise.

Schwierige Lernerfahrungen haben natürlich auch einen anderen, positiven Aspekt. Es kann sein, daß gerade durch diese Schwierigkeiten bestimmte Fähigkeiten entwickelt werden wie Ausdauer, Kombinationsfähigkeiten (»Wie komme ich am besten durch?«), Kampfgeist (»Irgendwie schaffe ich es schon!«). Schon Goethe hat gesagt: »Auch aus Steinen, die einem in den Weg gelegt werden, kann man Schönes bauen.«

Entscheidend ist, welche Bedeutung wir Ereignissen geben. Ein Hindernis kann als Problem, Herausforderung oder sogar als Geschenk betrachtet werden. Menschen, die lernen, ihre inneren Erfahrungen zu steuern, können ihre Lebensqualität selbst bestimmen.

3. Lernen spielt sich auf verschiedenen Ebenen ab

Beim Neurolinguistischen Programmieren (NLP) geht man auf der Grundlage eines Modells von Gregory Bateson und Robert Dilts davon aus, daß das Gehirn verschiedene Verarbeitungsebenen aufweist.

Es werden folgende Ebenen unterschieden: Umgebung – Verhalten – Fähigkeiten – Glauben/Werte – Identität. Diese Ebenen spielen eine Rolle bei Lernprozessen, bei Veränderungsarbeit und in der Kommunikation. Jede Ebene beeinflußt die darunterliegenden Ebenen. Eine Veränderung auf einer oberen Ebene hat Auswirkungen auf die Informationen auf den unteren Ebenen. Aber die Veränderung auf einer unteren Ebene kann, muß aber nicht unbedingt die darüberliegenden Ebenen beeinflussen. Es ist daher sinnvoll, Veränderungen auf höheren Ebenen herbeizuführen, wenn man wirklich etwas bewirken will.

Die folgenden Aussagen zeigen, wie Lernen durch jede der Ebenen, die hierarchisch strukturiert sind, unterschiedlich beeinflußt wird!

Identität:	»Ich bin ein Mensch, der leicht lernt.«
Glaubenssätze:	»Ich bin ein guter Lerner.«; »Lernen macht Spaß.«
Fähigkeiten:	»Ich weiß, wie ich etwas schnell lernen kann.«; »Ich habe eine gute Strategie.«
Verhalten:	»Ich weiß, was ich tun kann, um entspannt zu lernen.«
Umgebung:	»In einer angenehmen Atmosphäre lerne ich besonders gut.«

Die Geschichte eines Mißerfolgserlebnisses

Anhand einer kleinen Geschichte über eine verpatzte Rechenprüfung möchte ich die verschiedenen Ebenen der Erfahrung noch etwas genauer schildern.

Stell dir vor, fünf Kinder haben bei einer Rechenprüfung versagt. Die Reaktionen dieser Kinder sind aber unterschiedlich. Jedes Kind verarbeitet das Erlebnis auf einer anderen Ebene.

————

Stefan kommt nach Hause. Er wirft den Schulsack in die Ecke und ist schon wieder fast draußen, als die Mutter ruft: »Wie war die Rechenprüfung?« Stefan brummt: »Nicht besonders. Besser gesagt, schlecht. Es waren Rechnungen dabei, die der Lehrer noch nie erklärt hat. Außerdem gab er uns zu wenig Zeit.«

Stefan sieht das Problem in der Umgebung, genauer beim Lehrer, der die Prüfung zusammengestellt hat. Dadurch wird sein Selbstwert nicht tangiert, er überlegt sich aber auch nicht, was er tun könnte, um die Situation zu verändern.

————

Olivia sagt nach der Rechenprüfung zu den Eltern: »Die Prüfung ging gar nicht gut. Ich habe bei den ersten Rechnungen zuviel Zeit gebraucht, dann hatte ich keine Zeit mehr für die letzten Rechnungen. Ich habe versucht, mich zu beeilen, dann ist der Bleistift abgebrochen. Ich habe den Bleistift neu gespitzt, dabei ist die Spitze immer wieder abgebrochen und ich wurde immer nervöser. Es war wohl nicht mein Tag.«

Olivia beschreibt ihr eigenes Verhalten und schreibt ihm den Mißerfolg zu. Man hat den Eindruck, daß sie nicht viel Einfluß darauf hat, wie etwas abläuft.

———

Reto kommt frustriert nach Hause. »Mit diesen Satzrechnungen kann ich überhaupt nichts anfangen. Da weiß ich nie, was ich mit welchen Zahlen machen muß. Mir liegen die normalen Rechnungen viel besser.«

Reto sieht, welche Fähigkeiten ihm abgehen und was er besser kann.

———

Sandra stöhnt: »Ich kann einfach nicht rechnen. Jetzt ist diese Rechenprüfung schon wieder danebengegangen. Das lerne ich nie.«

Sandra ist überzeugt, daß sie Rechnen nie lernt. Dieser einschränkende Glaubenssatz beeinflußt natürlich sehr stark ihre zukünftigen Erfahrungen im Rechnen.

———

Frank hat keinen Appetit beim Mittagessen. Die Eltern machen sich Sorgen, weil Frank so oft sagt: »Ich bin eine Niete. Ich bin dumm.«

Bei Frank löst die schlechte Rechenprüfung schon eine viel umfassendere Reaktion aus. Er fühlt sich als ganze Person unfähig (Identitätsebene). Er stellt sich als Mensch in Frage und sieht nicht gerade optimistisch in die Zukunft.

———

Die Geschichte eines Erfolgserlebnisses
Die nachfolgenden fünf Beispiele zeigen auf, wie Kinder ein

Erfolgserlebnis einordnen und verarbeiten können. Natürlich ist es nicht so, daß die Verarbeitung immer nur auf einer Ebene verläuft. Ziel müßte es sogar sein, ein Erfolgserlebnis auf vielen Ebenen zu verankern, weil dies die Persönlichkeit stärkt und die zukünftigen Lernerfahrungen entscheidend beeinflußt.

———

Nadja kommt zufrieden heim. »Die Rechenprüfung ist gut gelaufen. Der Lehrer war gut gelaunt und hat zwei Rechnungen erklärt. Die 7 ist eben doch meine Glückszahl. Heute ist der Siebte und wir hatten sieben Rechnungen zu lösen!«
(Ebene: Umgebung)

———

Roman sagt am Mittagstisch: »Die Rechenprüfung habe ich gut geschafft. Bei einer Rechnung wußte ich zuerst nicht weiter. Da habe ich erst mal die anderen gemacht. Am Schluß hatte ich dann noch genug Zeit, diese Rechnung zu lösen.«
(Ebene: Verhalten)

———

Sonja strahlt: »Ich konnte mich heute so gut konzentrieren bei der Rechenprüfung. Ich habe eine Satzrechnung durchgelesen, und schon war mir klar, wie ich am besten vorgehe. So macht es Spaß.«
(Ebene: Fähigkeiten)

———

»Jetzt bin ich überzeugt, daß ich immer besser werde im Rechnen«, sagt Pascal. »In den letzten Prüfungen habe ich gezeigt, was ich drauf habe. Ich glaube, ich schaffe das weiter so.«
(Ebene: Glaubenssätze)

———

Linda sagt über sich: »Ich bin eine sehr gute Rechnerin. Je komplizierter eine Rechnung ist, desto mehr Spaß macht es. Ich kom-

me mir dann vor wie eine Detektivin, die eine heiße Spur verfolgt. Es ist echt spannend.«
(Ebene: Identität)

Leicht lernen kann auf jeder Ebene unterstützt werden
Eltern können Kinder dahingehend unterstützen, daß sie auf allen Ebenen optimale Bedingungen schaffen. Hier ist eine kurze Übersicht über nützliche Fragen. In den nächsten Kapiteln werde ich genauer darauf eingehen. Es werden viele Übungen beschrieben, die leicht nachvollziehbar sind.

Umgebung	Wo lerne ich am besten? Welches ist die beste Zeit? Brauche ich Ruhe oder eine anregende Atmosphäre? Wer oder was kann mich am besten unterstützen von außen?
Verhalten	Welche Verhaltensweisen sind nützlich? Körperhaltung, Bewegung einsetzen, Pausen einlegen, Entspannungstechniken einsetzen
Fähigkeiten	Welche Fähigkeiten können wir nutzen und optimieren? Ziele setzen, Ausdauer, Kreativität, Selbstvertrauen, Planen, Strukturieren. Optimale Lernstrategien entwickeln, sich für erreichte Ziele belohnen
Glauben/Werte	Was glaube ich über mich? Welche Überzeugungen sind hilfreich? Ich lerne leicht. Ich kann mir gut Wörter merken. Prüfungen schaffe ich gut. Was motiviert mich? Was ist wichtig für mich?
Identität	Wer bin ich? Ich bin ein guter Lerner. Ich bin ein Mensch, der schnell neue Dinge lernt. Ich bin sprachbegabt. Ich bin ein guter Rechner.

Lernerfahrungen vernetzen

Du kannst sehr viel für dich tun, wenn du positive Erfahrungen auch auf den hierarchisch höheren Ebenen verankerst. Also statt zu denken: »Ich hatte eben Glück« oder: »Es war Zufall«, ist es besser, die Erfahrung in Bezug zu setzen zu deinen Fähigkeiten und Überzeugungen.

Es ist sehr sinnvoll, Kinder dahingehend zu unterstützen, daß erfolgreiche Lernsituationen auf verschiedenen Ebenen der Erfahrung gespeichert werden. Wenn das Kind zufrieden von der Schule kommt und von einer gut gelaufenen Prüfung erzählt, unterstütze ich es nicht in seinen Fähigkeiten, wenn ich ihm sage: »Du hattest einen Glückstag!« Damit unterstelle ich, daß das Gelingen nicht viel mit dem Kind selbst zu tun hatte und nicht in seiner Macht stand. Vielmehr könnte ich sagen: »Toll, und wie hast du das gemacht?« Darauf erzählt das Kind vielleicht, welche Strategien es benutzt hat. Ich kann das aufgreifen und vielleicht sagen: »Da hast du ja sehr gut kombiniert, um das herauszufinden. Die Zeit hast du auch noch optimal genutzt. Du bist wirklich eine gute Rechnerin.« Ich bestärke das Kind in seinen Fähigkeiten, und durch meine Rückmeldungen kann es den Glauben an sich selber stärken.

Vor einer Prüfung kann man das Kind an eine positive Erfahrung erinnern. Das stärkt das Vertrauen des Kindes in seine Fähigkeiten. Es lernt, auf seine guten Erfahrungen zurückzugreifen und alle seine Fähigkeiten zur Verfügung zu halten.

2. Teil
Leicht lernen –
der Weg in vielen praktischen Übungen

1. Ressourcen sammeln

Lernen gelingt viel leichter in einer Atmosphäre, in der man sich wohlfühlt. Dabei spielt sicher die Umgebung eine große Rolle, ebenso auch anwesende Personen. Ganz entscheidend ist der innere Zustand, in dem ich mich befinde. Es gibt einige Möglichkeiten, um sich selber in einen »ressourcevollen« Zustand zu versetzen. Mit Ressourcen sind hier alle Fähigkeiten, guten Erfahrungen, Stärken gemeint, die mich darin unterstützen, ein Ziel zu erreichen. Ressourcen können natürlich auch andere Menschen sein. Die Natur kann eine Ressource sein. Viele Menschen machen die Erfahrung, daß sie sich beim Spazierengehen oder Joggen gut entspannen können und daß dabei oft kreative Ideen auftauchen. Es ist auch erwiesen, daß Jogging und andere Ausdauersportarten Streßhormone abbauen und im Gehirn Endorphin (das Glückshormon) produziert wird.

Ein Ziel kann es sein, sich in einen guten Zustand zu versetzen, unabhängig von der Umgebung. Es ist oft nicht möglich, den Chef zu verändern oder den Lehrer des Kindes zu verändern. Wenn ich die Fähigkeit habe, meinen inneren Zustand zu verändern, habe ich in jeder Situation mehr Wahlmöglichkeiten.

❖ *Zauberpunkt*

Beim Zauberpunkt geht es darum, eine positive Erfahrung auf einer Körperstelle zu ankern (festzumachen), so daß man das gute Gefühl oder die Fähigkeit bei Bedarf abrufen kann.

Ankern ist eine Technik des Neurolinguistischen Programmierens (NLP). Ein Anker ist ein äußerer Reiz, der einen inneren Zustand auslöst. Natürliche Anker gibt es viele. Du hörst vielleicht eine bestimmte Musik im Radio, und plötzlich taucht eine Szene auf, die vielleicht viele Jahre zurückliegt. Du siehst wieder den Raum mit den Menschen, mit denen du zusammen bist, du hörst genau diese Musik und hast Spaß. In diesem Fall ist das

Musikstück ein Anker, der das Bild und das Gefühl ins Bewußtsein holt. Wann hattest du das letzte Mal einen speziellen Duft in der Nase, und auf einmal ist ein Bild und ein Gefühl dazu aufgetaucht?

Gerade für Kinder sind Anker etwas sehr Wichtiges. Viele Kleinkinder haben immer ein Tüchlein oder ein Stofftier bei sich. Dieser Gegenstand löst bei ihnen ein Gefühl von Geborgenheit, Sicherheit, Wärme und Schutz aus.

Um einen Zauberpunkt einzurichten, also eine frühere positive Erfahrung zu ankern, ist folgendes wichtig:

- Einen Zauberpunkt auf dem Körper wählen. Sehr geeignet ist z. B. der Dreifingeranker. Dabei werden Daumen, Zeigefinger und Mittelfinger der linken Hand (bei Rechtshändern) zusammengebracht. Andere Zauberpunkte: Daumen und einen beliebigen Finger leicht aneinanderdrücken, Handgelenk halten, leicht die Faust machen ...
- Sich die ausgewählte positive Situation noch einmal so vergegenwärtigen, wie sie jetzt gerade eintreten könnte, in gewisser Weise tagträumen, was alle Menschen kennen. Manche können besser mit geschlossenen Augen in die Situation eintauchen.
- Was gibt es zu sehen? Wo bist du? Wer ist noch anwesend?
- Was gibt es zu hören? Musik, Stimmen, Geräusche, Wörter, Lachen ...
- Sagst du etwas zu dir selber? Was denkst du?
- Wie ist die Körperhaltung? Welche Gefühle spürst du? Wo im Körper gibt es die stärksten Gefühle?
- Gibt es einen Geruch? Liegt ein Geschmack auf der Zunge?
- Wenn das Gefühl intensiv da ist, den Zauberpunkt leicht drücken. Das kann ein paar Sekunden bis ein paar Minuten sein, einfach die Zeitspanne, in der das gute Gefühl intensiv spürbar ist.

So wird die Erfahrung über alle Sinne oder Kanäle geankert. Jeder hat individuell bevorzugte Kanäle. Für einige ist der visuelle

Kanal (sehen) der wichtigste, andere erleben irgendetwas stark über den auditiven Kanal (hören), andere wieder über den kinästhetischen Kanal (fühlen).

Die geankerte Erfahrung kann nun in Situationen, in denen genau dieses Gefühl oder diese Fähigkeit gebraucht wird, abgerufen werden, einfach indem man den Zauberpunkt leicht drückt.

Nachfolgend eine Anleitung, wie du einen Zauberpunkt beim Kind installieren kannst.

❖ Ankern – Zauberpunkt

1. Sorge für eine ruhige, entspannte Atmosphäre.
2. Laß das Kind einen Körperpunkt bestimmen, in dem es das gute Gefühl hineinzaubern will.
   Wichtig ist, daß das Kind diese Stelle selbst auch leicht erreichen kann (z. B. Fingerknöchel, Handgelenk...)
3. Sage dem Kind, es solle sich an ein Erlebnis oder an eine Situation erinnern, in der es sich ganz wohl gefühlt hat. Vielleicht war es in dieser Situation sehr entspannt und ruhig – oder aktiv und konzentriert – oder besonders mutig, selbstsicher, glücklich – oder einfach mit sich zufrieden.
4. Bitte das Kind, sich genau an diese Situation zu erinnern. Es soll die Situation jetzt noch einmal erleben, und zwar so, als würde sie jetzt in diesem Moment passieren. Du kannst zu ihm sagen:»Was siehst du alles in dieser Situation? Schau dich gut um und höre auch auf Stimmen und Geräusche. Und wie fühlst du dich? Wie spürst du deinen Körper? Vielleicht gibt es auch etwas zu riechen und zu schmecken in dieser Situation.«
5. Wenn du am Gesicht des Kindes siehst, daß es sich ganz wohl fühlt, kannst du die bestimmte Körperstelle des Kindes berühren, die es vorher als Zauberpunkt gewählt hat. Das Ankern kann fünf Sekunden bis einige Minuten dauern. Somit ist die Berührung dieses Punktes mit diesem bestimmten inneren Zustand verankert.

6. Zur Überprüfung soll das Kind seinen Zauberpunkt selbst berühren. Erlebt das Kind nicht die gleichen angenehmen Gefühle wie vorher, dann wiederhole die Schritte.
7. Brücke schlagen in die Zukunft: Führe das Kind nun in Gedanken in eine zukünftige Situation, wo es diese Ressource, die es eben geankert hat, gerne zur Verfügung haben möchte. Das Kind durchträumt diese Situation, während es selber den Zauberpunkt drückt. Dadurch ist das Kind in einem positiven inneren Zustand, während es die Situation in der Zukunft durchlebt. »Was siehst du? Was hörst du? Wie fühlst du dich?«

Für das Gehirn macht es keinen Unterschied, ob wir etwas real erleben oder ob wir es uns vorstellen. Beides schafft Erinnerungsspuren. Das Durchträumen von zukünftigen Situationen mit unseren Ressourcen schafft im Gehirn mehr Wahlmöglichkeiten.

Den **Dreifingeranker,** den ich bei den Kindern oft vorschlage, machen diese natürlich von Anfang an selber. Wenn das Kind dann in einer Situation das Gefühl, die Einstellung, die Fähigkeiten braucht, die es auf die drei Finger (Daumen, Zeigefinger, Mittelfinger) geankert hat, braucht es nichts anderes zu tun, als die Kuppen der drei Finger zusammenzulegen und einen mittleren Druck auszuüben.

Beispiele für Ankern

Ich kann Selbstvertrauen ankern, indem ich eine bis drei Erfahrungen ankere, in denen mir etwas besonders gut gelungen ist oder wo ich mich gut gefühlt habe.

Bei Prüfungsstreß ist es sinnvoll, Erfahrungen zu ankern, in denen die Person ruhig und gelassen war.

Mit einem Drittkläßler habe ich einmal für das Diktat die Ressource »Mut« geankert. Da er jeweils vor dem Diktat ziemlich viel Angst hatte, Fehler zu machen, war die Fehleranzahl dementsprechend hoch. Als Anker wählte er eine farbige Murmel. Er nahm sie in die linke Hand, während er eine Situation, in der er mutig war, nochmals durchlebte. Damit war dieser Zustand von Mut und damit Selbstvertrauen über die Murmel, die er »Mutkugel« nannte, gespeichert.

Nach zwei Wochen kam er in die nächste Sitzung und gab mir die Murmel zurück mit den Worten: »Ich habe ein gutes Diktat geschrieben. Jetzt weiß ich, daß ich es kann. Das ist eine gute Mutkugel, die kannst du sicher noch für andere Kinder brauchen.«

Ein 17jähriger Gymnasiast kam in Therapie, weil seine Noten nicht den Anforderungen entsprachen und sein Verbleiben an der Schule gefährdet war. Es stellte sich zunächst einmal heraus, daß es sein Ziel war, am Gymnasium zu bleiben. Allerdings sagte er auch: »Ich sehe mich einfach nicht am Pult sitzen und lernen.« Diese Äußerung verriet schon etliches über seine Problematik. Er setzte sich selber die Grenze zu eng und dachte, daß man am Pult lernen müsse. Das gelang ihm nicht, weil er ein Mensch mit großem Bewegungsdrang war. Wir fanden zusammen heraus, wie er über Bewegung lernen konnte. Ein großes Thema war die Motivation. Für das Hockeyspielen war er immer sehr motiviert, für die Schule dagegen kaum. Wir machten einen starken Dreifingeranker wie oben beschrieben. Er wählte zwei besonders positive und motivierende Momente aus dem Hockeyspiel aus und erlebte sie noch einmal intensiv über alle Sinne, um sie mit drei Fingern zu verankern. Nun konnte er diesen Anker beim Lernen einsetzen und sich motivieren, Schulstoff zu erarbeiten, und zwar auf seine ihm am besten entsprechende Art. Schon nach zwei Wochen konnte er auf gute Prüfungsergebnisse zurückblicken und sich sagen: »Ich kann es!«

❖ *»Zehn-Finger-Ressourcenteam« oder*
»Haus der tausend Möglichkeiten«

Gerade auch bei kleinen Kindern ist es sehr wichtig, sie zu loben und zu bestätigen. Dadurch werden sie immer wieder mit ihren Fähigkeiten und Stärken in Kontakt gebracht, gewinnen an

Selbstvertrauen und können neue Situationen und neue Lebens-
abschnitte wie Spielgruppe, Kindergarten, Schule besser bewältigen. Die nachfolgende Übung etabliert beim Kind ein Gefühl
von »Ich kann!«

Das Kind legt seine beiden Hände auf ein Blatt. Die Aufgabe
lautet: Zeichne die Umrisse jedes einzelnen Fingers.

Suche mit dem Kind gemeinsam für jeden Finger eine Ressource zum Thema »Ich kann!« Dabei greifst du auf alle Möglichkeiten zurück, die das Kind bereits gelernt hat. Das Ziel ist, das Kind
mit seinen Fähigkeiten in Kontakt zu bringen. Du kannst Vorschläge machen, Fragen stellen, und das Kind wird bald selber eif-
rig Vorschläge machen. Du fängst z. B. beim Daumen der linken
Hand an und sagst: »Du kannst Rad fahren!« Du kannst das Kind
einen Moment an das Radfahren denken lassen. Vielleicht stellt es
sich sein Fahrrad vor. Während dieser Zeit drückst du leicht seinen Daumen, so daß sich diese Erfahrung hier verankert. Nun
kannst du auf das Blatt beim Daumen »Radfahren« hinschreiben.
Du hältst nun den linken Zeigefinger und benennst eine andere
Ressource des Kindes z. B. »Du kannst schwimmen!« Dem Kind
solltest du einen Moment Gelegenheit geben, daran zu denken
oder etwas darüber zu erzählen. Wenn du während dieser Zeit den
Finger hältst, verankert sich hier diese Erfahrung. Wieder
schreibst du diese Ressource auf das Blatt. So machst du es weiter
mit allen Fingern der linken Hand und rechten Hand. Bei der linken Hand verankere ich öfters grobmotorische Fähigkeiten wie:
Radfahren, Schwimmen, Skifahren, Ballspielen, rennen, Roll-
schuhlaufen, Purzelbaum schlagen, auf Bäume klettern ... Bei der
rechten Hand verankere ich häufiger feinmotorische Tätigkeiten
wie malen, basteln, Memory spielen, Puzzle machen, ein Instru-
ment spielen ...

Andere Möglichkeiten des Verankerns sind: mit Geschwistern,
Freunden spielen, gut schlafen, einkaufen, beim Kochen helfen,
Hausaufgaben alleine machen, Lieblingsschulfächer ...

Wenn alle zehn Finger geankert sind, die Fingerspitzen zusam-
menführen. Das ist das Zehn-Finger-Ressourcenteam. Das ist ein

ganz starkes Team, das schon viel gelernt hat und noch viel Neues lernen kann. Durch das Zusammenbringen der Finger verknüpfen sich die Fähigkeiten und werden noch stärker.

Nun läßt du das Kind mit den Fingern ein Haus bauen. Die beiden Daumen und kleinen Finger berühren sich unten als Boden des Hauses; die anderen Finger berühren sich oben als Dach. Das ist das Haus der tausend Möglichkeiten. Hier kann etwas Neues wachsen und gedeihen. Das neu zu Lernende (z. B. Schuhe binden, allein in den Kindergarten gehen...) kann es hier säen oder setzen als Samen oder Pflanze (Bild/Metapher). Im Haus der tausend Möglichkeiten kann dieser Same oder diese Pflanze gut wachsen und gedeihen, umgeben von vielen Ressourcen und vom Gefühl »Ich kann!« Das Kind kann sich überraschen lassen, ob eine Blume oder ein Baum oder eine andere Pflanze daraus wird. Es kann regelmäßig nachsehen, wie es dem Pflänzlein geht und was es noch braucht. Das kleine Pflänzchen im Gewächshaus ist eine Metapher für das Ziel des Kindes, das es anstrebt. Wenn das Kind das Ziel erreicht hat und sagen kann: »Ich kann es!«, ist gleichzeitig die Pflanze groß und stark. Das Kind kann nun auf der Hand einen Punkt suchen, wo diese Fähigkeit verankert wird (z. B. ein bestimmter Fingerknöchel). Die Ressource wird ebenfalls auf die Ressourcezeichnung (Hand) eingetragen. Nun ist das Haus der tausend Möglichkeiten wieder frei für ein neues Pflänzchen (Ziel). Natürlich können auch mehrere verschiedene Pflänzchen gleichzeitig im »Gewächshaus« wachsen. Das Kind lernt ja auch gleichzeitig viele verschiedene Dinge.

Ich empfehle, das Blatt mit den Händen und den Ressourcen regelmäßig mit dem Kind anzuschauen, vielleicht als »Gute-Nacht-Ritual«. So schläft das Kind mit einem Gefühl von Selbstvertrauen ein.

Du kannst jedesmal wieder jeden Finger des Kindes leicht drücken und dazu die Ressource benennen: »Du kannst gut...!« oder das Kind kann selber sagen: »Ich kann gut...!«.

So werden diese Fähigkeiten immer stärker verankert, und das Selbstvertrauen wird gestärkt. Fähigkeiten, die das Kind neu erwirbt, werden auch auf Punkte an den Händen geankert. Jedesmal, wenn das Kind seine Hände zusammenbringt, werden unbewußt Fähigkeiten aktiviert und das Kind in Kontakt mit seinen Ressourcen gebracht.

Beispiel: Fabio und der Mutbaum
Ein kleiner Junge in der ersten Klasse traute sich sehr wenig zu. Wenn in der Schule etwas Neues angeboten und verlangt wurde, hatte er immer das Gefühl, daß er es sowieso nicht könne. Über seine zehn Finger haben wir zehn seiner Fähigkeiten geankert und damit auch über seine Hände ins Bewußtsein gerückt. Schon damit wurde das vorherrschende Gefühl von »Ich kann nicht« verdrängt und durch »Ich kann« langsam ersetzt. Auf meine Frage, was er sich wünsche und was er in das Haus der tausend Möglichkeiten pflanzen wolle, sagte er: »Einen Mutbaum«. Er hat den Mutbaum gepflanzt und dafür gesorgt, daß es ihm gut geht. Der Mutbaum ist gewachsen, sogar schnell, zum Erstaunen von Fabio. Aus dem Bäumchen ist ein Baum geworden. Parallel dazu hat es immer mehr Situationen in Fabios Leben gegeben, in denen er Mut hatte: z. B. im Kreis in der Schule etwas zu erzählen, allein mit dem Bus zu fahren ...

Manchmal, so erzählte er mir, drückt er vor einer schwierigen Situation schnell die Finger zusammen und schaut seinen Mutbaum an.

❖ *Ressourcen ankern – auf verschiedene Arten*

Folgende kleine Übungen sollen zeigen, wie wir mit einfachen Mitteln auf andere verschiedene Arten Ressourcen ankern können.

Ankern mit einem Stein
Positive Erfahrungen und Ressourcen können anstelle des Zauberpunktes auf einen Stein geankert werden. Der Ablauf ist der

gleiche wie vorne beschrieben. Allerdings kann das Kind den Stein von Anfang an in die linke Hand nehmen und leicht drücken, sobald es im optimalen Gefühlszustand ist. Der Stein wird zum Anker für das gute Gefühl. Es können auch Murmeln, kleine Figuren oder Schmuck verwendet werden.

Fantasiereise ankern

Das Kind kann den Stein auch jedesmal in die Hand nehmen, wenn du ihm eine Entspannungsgeschichte erzählst oder mit ihm eine Fantasiereise machst. Du kannst dazu die Farbreise im dritten Kapitel benutzen. Das Kind nimmt den Stein in die linke Hand, während es der Geschichte lauscht und in einen angenehmen Zustand gleitet. Da du in der Farbreise ein spezielles Ziel einbauen kannst, das das Kind erreichen will, kann sie natürlich immer wieder verwendet werden. Das gute Gefühl während der Farbreise wird auf den Stein geankert. Das Vertrauen des Kindes in seine Fähigkeiten wächst mit jedem Erfolgserlebnis.

Du kannst das Kind in der Fantasie auch an einen Ort führen, den es kennt oder den es erfindet, an dem es sich wohlfühlt und immer mehr mit seinen Fähigkeiten und Stärken in Kontakt kommt. Den Stein, geankert mit den positiven Gefühlen, kann das Kind bei sich tragen oder in Zeiten erhöhter Anforderungen in die Hand nehmen, z. B. bei Prüfungen. Dadurch erhält das Kind Zugang zu seinen Ressourcen.

»Leicht lernen« als Figur legen

Eine Anleitung:

Denk an etwas, das du leicht gelernt hast. Vielleicht warst du da in der Schule oder daheim oder irgendwo draußen. Vielleicht liegt es auch lange zurück. Laß dich überraschen, welches Erlebnis auftaucht. Nimm nun Wolle (Seil) in einer bestimmten Farbe, die zu diesem Erlebnis paßt und forme damit eine Figur auf dem Boden. Stelle dich auf oder in dieses Fadenbild und erlebe die Situation, in der du leicht lernst, jetzt noch einmal mit allen Sinnen. Was siehst du? Was hörst du? Wie fühlst du dich? Nimm nun dieses Gefühl des »leicht Lernens« mit und bewahre es in deinem Körper auf. Erinnere dich jedesmal daran, wenn du etwas Neues lernst.

Du kannst diese Figur aufzeichnen und auf das Pult legen, oder du kannst auch die Wolle auf einen Karton kleben. So stellst du für dich ein persönliches Bild her mit dem Titel »Leicht lernen«.

Dein Unbewußtes nimmt diese Information jedesmal auf, wenn du auf dieses Fadenbild schaust.

Die Konzentrationsfigur

Eine Situation, in der Kinder sich gut konzentrieren können, suchen lassen. (Schulfach, Hobby, Sport . . .) Sie in dieses Erleben hineinführen, während sie mit Knetmasse oder Salzteig etwas formen. Das kann eine Gestalt sein, ein Gegenstand oder ein Symbol für Konzentration. Die Konzentrationsfigur während einiger Zeit auf dem Pult stehen lassen. Die Botschaft der Konzentrationsfigur wird auch unbewußt aufgenommen, wenn sie nur im Blickfeld steht.

Ruhebild malen

Laß die Kinder in ihrer Erinnerung an einen Ort oder in eine Situation zurückgehen, wo sie sich wohl und ruhig fühlten. Sie lassen die dazugehörigen Bilder, Geräusche und Gefühle auftauchen. Nun können die Kinder dieses Erlebnis auf ein Blatt malen. Die Zeichnung wirkt als visueller Anker für die guten Gefühle, wenn sie sich irgendwo im Blickfeld des Kindes befindet.

Manchmal bietet es sich auch an, nach einer Fantasiereise ein Bild zu malen. Über das Bild kann später das positive Erlebnis wieder hervorgeholt werden.

Ressourcenbild als Anker

Laß die Kinder ein Selbstbild zeichnen, das sie mit ihren Ressourcen ausschmücken. Sie können ihre Hobbys, Interessen und Dinge, die sie gut können, zeichnen oder in Form von Symbolen,

Wörtern oder Fotos darstellen. Hänge die Bilder an eine Wand, wo der Blick der Kinder häufig darauf fällt. Die Kinder können die Ressourcebilder jederzeit erweitern, indem sie neue Entdekkungen über sich in das Bild aufnehmen.

Diese Möglichkeiten, Ressourcen zu ankern, können natürlich sowohl daheim als auch in der Schule angewendet werden. Du kannst sie für ein einzelnes Kind, für eine Gruppe oder eine Schulklasse nutzen.

2. Ein Ziel oder einen Wunschzustand erreichen

Wenn man über Menschen liest, die etwas Großes in ihrem Leben geleistet haben, erfährt man sehr oft, daß sie dieses Ziel über Jahre verfolgt oder diesen Wunsch schon seit der Kindheit in sich verspürt haben. Sie hatten eine Vision, die sie über längere Zeit mit Aufmerksamkeit und damit Energie versehen haben. Es kann sein, daß diese Vision in einer Phase des Lebens in den Hintergrund tritt, weil etwas anderes mehr Zeit und Energie erfordert. Aber das Gefühl, sich in Richtung dieser Vision zu bewegen, geht diesen Menschen nie verloren.

Es gibt hingegen auch Menschen, die genau wissen, was sie *nicht* wollen, und ihre Aufmerksamkeit darauf richten. Damit fließt die Energie immer in Richtung eines Problems. Ein Universalgesetz besagt, daß die Energie der Aufmerksamkeit folgt.

Wenn ich also nicht weiß, wohin ich will (Ziel – Wunschzustand), brauche ich mich nicht zu wundern:
– Wenn ich ganz woanders ankomme
– wenn andere für mich entscheiden
– wenn ich die Verantwortung für mein Leben abgebe (an andere Menschen, Gesellschaft, Schicksal ...)

Auch für Kinder ist es wichtig, ein Ziel zu haben oder zumindest die Richtung zu wissen, in die es gehen soll. In der Freizeit ist es relativ einfach, mit den Kindern zusammen zu planen und sie in

Entscheidungen miteinzubeziehen. Das Planen erfordert Vorstellungskraft, Fantasie; beim Entscheiden nutzt man die Fähigkeit, Vor- und Nachteile abzuwägen, aber noch mehr auf seine Gefühle zu achten. Der Körper spricht bei Entscheidungen meist eine klare Sprache über die Empfindungen und Gefühle.

Meine jüngere Tochter hatte schon mit drei Jahren den starken Wunsch, die Kleider selber auszusuchen. Das ging so weit, daß sie manchmal zwei bis dreimal am Tag in ihr Zimmer ging, um sich umzuziehen.

Wenn ich nur »den Kleiderhaufen auf dem Boden« gesehen hätte, wäre das eine ziemlich mühselige Angelegenheit für mich gewesen. Wenn ich hingegen den Aspekt »sie achtet auf ihre Körpergefühle, sie möchte selbstbestimmend sein« miteinbezogen habe, konnte ich ziemlich streßfrei damit umgehen. Heute ist die Tochter vierzehn Jahre alt und weiß genau, was sie will.

Natürlich sind viele Ziele auch für Kinder von außen vorgegeben. Der Lehrplan in der Schule ist festgelegt. Es hängt vor allem von der Person des Lehrers ab, wieviel Spielraum sie den Schülern geben will und kann.

Aber auch innerhalb eines festgelegten äußeren Rahmens habe ich Spielmöglichkeiten. Wenn das Kind einen Stoff lernen muß für eine Prüfung am nächsten Tag, liegt die Entscheidung bei ihm, ob es sich stundenlang über den Lernstoff und den Lehrer ärgert, dabei immer mehr in Streß gerät, sich dadurch nichts merken kann und am anderen Tag bei der Prüfung versagt, oder ob das Kind sich sagt: »Gut, ich muß das lernen für morgen. Wie kann ich das so schnell und effizient wie möglich? Ich will eine gute Prüfung machen.«

Das ist eine Frage, die ich von meinen Töchtern oft höre.

Es geht also darum, daß Kinder anfangen, lösungsorientiert zu denken.

Problemorientiert/Lösungsorientiert

Ein Mensch denkt **problemorientiert**, wenn er – wie gesagt – seine ganze Aufmerksamkeit dem Problem zuwendet und damit diesem mehr Energie zuführt. Das ist vergleichbar mit einem Feuer: Wenn man mehr Holz nachlegt, brennt es stärker. Es ist auch das gleiche, wenn man sich ärgert über etwas und sich immer mehr in den Ärger hineinsteigert. Mit Ärgern schadet man nur sich selber. Eine Stunde Ärgern verbraucht, wie man herausgefunden hat, so viel Energie wie zwölf Stunden Arbeit.

Lösungsorientiert

Eine lösungsorientierte Haltung könnte man folgendermaßen beschreiben:

Ich kann das Wort »Problem« umbenennen in »Herausforderung«.

Da fordert mich also jemand/etwas heraus.

– Wie sieht diese Herausforderung aus?
– Will ich die Herausforderung annehmen?
– Wenn ja: Welche meiner Fähigkeiten oder Ressourcen brauche ich?
– Welche Strategien sind optimal?
– Welche Lösungen bieten sich an?
– Welches ist das Ziel? Der erste Schritt?

Man kann für eine solche lösungsorientierte Haltung mit den Kindern Sätze erfinden wie:

»Lösungen lauern an jeder Ecke.«

»Kaum hast du ein Problem, wirst du schon von Lösungen umzingelt.«

»Es gibt für alles mindestens drei Lösungen.«

Man kann solche Sätze z. B. an den Badezimmerspiegel schreiben. Bewußt oder unbewußt nimmt man die Information auf und handelt immer öfter danach.

Es gibt verschiedene Möglichkeiten, einen gegenwärtigen unbefriedigenden Zustand zu verändern und einen Wunschzustand zu erreichen. Zuerst muß ich bereit sein, den Problemzustand loszulassen. Loslassen kann ich aber nur etwas, das ich akzeptiere. Solange ich den Zustand nicht akzeptiere, bin ich damit

42

verknüpft über Gefühle wie Frustration, Angst, Ärger, Schuldgefühle... Das Akzeptieren des Problems ist also der erste Schritt,
um es loszulassen. Damit wird der Weg frei für Neues.

Wenn ich loslasse, habe ich die Hände frei. Hier geht es auch
wieder darum, nicht krampfhaft am Ziel festzuhalten. Sonst kann
es geschehen, daß ich beim ersten Hindernis aufgebe. Flexibilität
ist gefragt. Manchmal ist auch nicht der kürzeste Weg der schnell-
ste Weg. Vielleicht will ich ja den Weg genießen, Pausen einlegen,
kleine Umwege machen.

Ziele kann man vergleichen mit Landschaften, die man durch-
wandert. Ich wähle den Weg, genieße die Landschaft, verweile an
Plätzen, wo es mir gut gefällt, und bin schlußendlich zufrieden,
wenn ich das Ziel erreiche.

Siddharta, der berühmte Weise aus Hermann Hesses gleichnamigen Roman, vergleicht ein Ziel mit einem Stein, den man ins
Wasser wirft. »Wenn du einen Stein ins Wasser wirfst, so eilt er
auf dem schnellsten Weg zum Grunde des Wassers.« Wenn Siddharta ein Ziel hat, geht er »durch die Dinge der Welt hindurch
wie der Stein durchs Wasser«. Und weiter heißt es: »Sein Ziel
zieht ihn an sich, denn er läßt nichts in seine Seele ein, was dem
Ziel widerstreben könnte...«[5]

❖ *Bestellungen ans Universum*

Aus der Quantenphysik weiß man, daß alles Energie/Schwin-
gung ist. Somit ist auch jeder Gedanke Energie. Wir kreieren
ständig Gedankenformen oder Gedankenblasen, die aus Energie
bestehen.

Wir denken an ein Ziel, kreieren ein Bild dazu und spüren die
Vorfreude. Dieses Ziel wird durch unsere Aufmerksamkeit aufge-
laden mit Energie. Auch wenn wir nicht ständig bewußt daran
denken, existiert diese Energie- und Gedankenform weiter und
begegnet uns eines Tages als Realität. Nach dem bekannten briti-
schen Biologen Rupert Sheldrake sind alle Organismen (Men-

schen, Tiere, Pflanzen) über morphogenetische Felder miteinander verbunden. Jeder Organismus ist also Teil des universalen Körpers. Über diese morphogenetischen Felder bezieht das Unbewußte des Menschen viele Informationen und steht mit kosmischem Wissen in Verbindung.

So kann man mit Hilfe der Vorstellungskraft Wünsche/Bestellungen ans Universum abgeben. Plötzlich begegnet uns per Fügung (ist es nun Zufall oder nicht?) genau der Mensch, das Buch oder das Wissen in irgendeiner Form, das uns zu unserem Ziel führt.

❖ *Der wundervolle Luftballon*

Versuche nun folgende kleine Übung:

Suche dir einen Platz, wo du dich wohlfühlst. Mach es dir so bequem wie möglich. Atme tief ein und aus und laß deine Anspannungen los.

Denke nun an etwas, das du dir wünschst, ein Ziel, das du erreichen möchtest. Vielleicht möchtest du eine Fähigkeit, die du bereits hast, noch mehr entwickeln und optimieren. Vielleicht möchtest du etwas ganz Neues lernen oder dich in bestimmten Situationen anders verhalten können. Vielleicht möchtest du aufmerksam zuhören oder dich gut erinnern können oder dich in deinem Hobby verbessern, perfektionieren.

Mache dir ein genaues Bild von deinem Wunsch. Wie wird es sein, wenn er ganz in Erfüllung geht? Wie siehst du aus, wenn dein Wunsch Wirklichkeit wird?

Stell dir nun vor, wie dein Bild von einem Luftballon in deiner Lieblingsfarbe umhüllt wird. Freue dich einen Moment an deinem schönen Luftballon, vielleicht machst du ihn noch ein bißchen schöner. Nun läßt du ihn in den Himmel schweben. Er treibt mit deinem Bild im Innern hoch und immer höher in den Himmel hinauf. Vielleicht schwebt er bis zu den Sternen, zum Mond oder zur Sonne. Stell dir vor, daß dein Ballon dort Kraft anzieht und sammelt, so lange, bis eines Tages dein Wunsch erfüllt sein wird.

Der positive Zielsatz

Wenn wir uns ein Ziel setzen, ist es sehr wichtig, sich ein Bild vom Wunschzustand zu schaffen. Das Unbewußte, auf dessen Hilfe wir beim Erreichen von Zielen angewiesen sind, reagiert vor allem auf Bilder. Wenn das Bewußtsein und das Unbewußte über eine Zielsetzung im Konflikt sind, gewinnt immer das Unbewußte. Der reine Willensakt allein genügt nicht. Darum ist auch der Kontakt mit dem Unbewußten sehr wichtig. Darüber kannst du mehr lesen im dritten Kapitel.

Wenn wir uns einen **Zielsatz** zurechtlegen wollen, müssen folgende drei Bedingungen erfüllt sein.

– **Vergleiche weglassen**

Eine Formulierung wie: »Ich mache es besser« enthält einen Vergleich. Automatisch stellt sich die Frage: »Besser als wer oder was?«

– **Das Erreichen des Ziels muß in meiner Macht/Kompetenz stehen.**

Wenn ich Probleme mit einem anderen Menschen habe, kann ich ihn nicht verändern. Ich kann aber bei mir Streß abbauen, mein Verhalten ändern, gelassen und ruhig bleiben. Das beeinflußt natürlich die Reaktionen des andern, und die Beziehung verändert sich.

– Das Ziel muß **positiv formuliert** sein.

Das Unbewußte arbeitet mit Bildern und versteht keine Negationen. Wenn ich sage: »Stell dir keinen rosaroten Elefanten vor! Auf keinen Fall darfst du dir jetzt einen rosaroten Elefanten vorstellen«, geschieht folgendes: Du läßt ein Bild von einem rosaroten Elefanten auftauchen. Dann denkst du: »Ach, ich soll nicht an einen rosaroten Elefanten denken.« Also verbannst du den rosaroten Elefanten aus deinem Kopf.

Der gleiche komplizierte Vorgang tritt ein, wenn ich sage: »Denk nicht an blau.«

Wenn wir uns überlegen, wie oft wir Kindern Anweisungen in Form von Negationen geben, können wir uns über die Ergebnisse bloß wundern. Viele Ereignisse verursachen wir selber durch unsere Sprache. Wenn ich zu einem kleinen Kind sage: »Laß das Glas nicht fallen!«, taucht bei mir und beim Kind ein Bild von einem fallenden oder schon zerbrochenen Glas auf. Auf der Muskelebene gibt es winzige Bewegungen, man nennt sie ideomotorische Bewegungen. Das Bild wird auf der Muskelebene schnell umgesetzt. Eine kleine, feine Lockerung der Hand kann schon genügen, und das Glas fällt. Ich könnte statt dessen sagen: »Halte das Glas fest.« Vielleicht ist es sogar noch besser, wenn ich nichts sage und mir einfach vorstelle, daß das Kind das Glas sicher ans Ziel bringt.

Es lohnt sich, als Erwachsener auf die Sprache zu achten und Sätze wie: »Fall nicht runter! Schrei nicht so laut! Laß nicht alle Kleider rumliegen!« wegzulassen. Als unsere Töchter klein waren, habe ich meine Sprachmuster diesbezüglich untersucht und mit Schrecken festgestellt, wie viele Negationen darin vorkommen. Das Umstellen auf positive Formulierungen hat eine Weile gedauert, aber es hat sich sehr gelohnt.

❖ *Ein Zielbild malen*

In dieser Übung geht es darum, die gesamte Persönlichkeit auf ein gewähltes Ziel auszurichten.

Die Persönlichkeitsteile Körper, Gefühl und Denken werden durch Dreiecke repräsentiert. Wenn die physische, emotionale und mentale Ebene sich optimal ergänzen, unterstützen und als Team wirken, werden Ziele leichter erreicht. In der Übung wird die Teambildung mit dem Kreis symbolisiert. Um dieses Zusammenwirken den Kindern zu verdeutlichen, erzähle ich jeweils das Beispiel vom Rennfahrer: Ein Skirennfahrer erreicht das Ziel optimal, wenn sein Körper voll durchtrainiert ist, wenn er ein positives Gefühl hat und »gut drauf« ist und wenn er voll und ganz überzeugt ist, daß er ein gutes Rennen fahren kann. Er bereitet sich neben dem körperlichen Training auch mental vor und richtet sein Denken, seine inneren Bilder und seinen inneren Dialog auf sein Ziel aus.

Für die Übung brauchst du eine Karte im A5-Format oder ein Zeichenblatt. Male drei gleichgroße Dreiecke darauf wie im folgenden abgebildet.

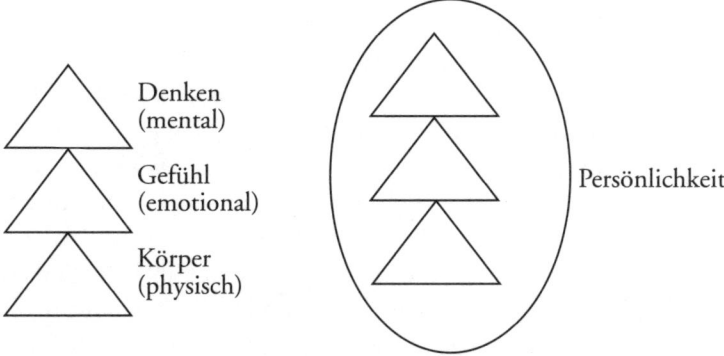

Denken
(mental)

Gefühl
(emotional)

Körper
(physisch)

Persönlichkeit

Du kannst die Übung nach der folgenden Anleitung Schritt für Schritt nachvollziehen.

1. **Wähle ein Ziel,** das du gerne erreichen möchtest.

   Was siehst du, wenn du am Ziel bist? Was hörst du? Wie verhältst du dich? Wie fühlst du dich? Was sagst du zu dir selber?

   Formuliere einen kurzen prägnanten positiven Zielsatz, vermeide Vergleiche.

   Bilde den Satz so, als ob du schon am Ziel wärst:

   »Ich bin . . .«   »Ich fühle mich . . .«

   »Ich kann . . .«   »Ich wähle . . . (positives Gefühl) zu sein«.

   Manchmal legt man einen weiten Weg zurück, um ein Ziel zu erreichen. Dann eignet sich ein Satz besser wie: »Ich kann lernen . . .« (als Prozeß formulieren)

   Das Ziel kann auch in mehrere Teilziele unterteilt werden.

2. **Male die Dreiecke,** während du an das Ziel denkst.

   Male das unterste Dreieck und denke dabei, wie dein Körper

dich bei diesem Ziel unterstützt. Laß dich überraschen, welche Farben du wählst, wie du das Dreieck gestaltest. Male das mittlere Dreieck und laß Gefühle auftauchen, die hilfreich sind, um dieses Ziel zu erreichen. Während du das oberste Dreieck anmalst, kannst du dich mental auf das Ziel einstellen über Bilder, positive Glaubenssätze.

3. **Teamarbeit**

   Stell dir vor, dein Körper, deine Gefühle und dein Denken sind ein Team, das sehr gut zusammenarbeitet und dich auf dem Weg zu deinem Ziel voll unterstützt.

   Nimm einen Farbstift und umkreise die drei Dreiecke, während du den Zielsatz sagst. Umkreise die Dreiecke so lange und mit verschiedenen Farben, bis du ein gutes Gefühl hast. Denke dazu den Zielsatz oder sage ihn laut. Es ist von Vorteil, ihn laut zu auszusprechen, weil dabei mehr Sinne aktiviert werden. Male zwischendurch auch einmal mit der linken Hand, damit das Ziel im ganzen Körper verankert wird.

4. Schreibe den Zielsatz auf das Blatt oder auf die Rückseite.

5. Überlege dir einen guten Platz für dein Zielbild, damit du es in den nächsten Wochen häufig siehst und sich Körper, Gefühl und Denken vollständig auf das Ziel einstimmen.

❖ *Ein Ziel erwandern*

In der folgenden Übung gestalten wir uns einen Weg zu einem Wunsch-Zustand. Wir legen diesen Weg sichtbar auf dem Boden aus. Es ist eine ideale So-als-ob-Übung. Kinder sind übrigens Meister im So-als-ob. Du kannst dich auf den Zielpunkt stellen und so tun, **als ob** du dein Ziel schon erreicht hättest. Für das Gehirn macht es keinen Unterschied, ob man etwas real erlebt oder so tut als ob. Es ist erwiesen, daß mentales Training Gedächtnisspuren hinterläßt. Wenn du auf diese Art also ein Ziel visualisierst und auch deinen Körper einbeziehst, indem du dich durch die Zeit bewegst auf dieser Zeitlinie, die du auf dem Boden ausgelegt hast, schaffst du im Gehirn »Erinnerungen an die Zukunft«.

Du kannst die Übung nach folgenden Schritten strukturieren:

- Denke an einen **Wunsch-Zustand**, den du gerne erreichen möchtest. Formuliere das Ziel positiv! Vermeide Vergleiche und Negationen.

- Markiere auf dem Boden einen Punkt, der die Gegenwart darstellt, etwa mit einem Blatt Papier oder einem Gegenstand. Bestimme den Zielpunkt im Raum und markiere ihn ebenfalls.

Ist-Zustand   Ziel/Wunsch-Zustand

   ◯   ◯

- Stell dir vor, es ist über Nacht ein **Wunder** geschehen, und du hast dein Ziel bereits erreicht. Stelle dich auf die Ziel-Position und erlebe mit allen Sinnen, wie es ist, bereits am Ziel angekommen zu sein. Was siehst du? Was hörst du? Sagst du etwas zu dir? Gibt es einen Geruch oder einen Geschmack? Wie fühlst du dich? Wie nimmst du deinen Körper wahr? Genieße es, am Ziel zu sein!

- Du kannst dir nun den **Weg** vom Ist-Zustand zum Ziel/Wunsch-Zustand mit farbigen Seilen **legen** oder dir den Weg einfach vorstellen. Laß dich überraschen, auf welche Art du das tust. Vielleicht ist es eine Gerade, oder vielleicht hat der Weg Kurven. Auf dem Boden können das z. B. zwei Meter sein, in der Zeitstruktur sind es vielleicht einige Tage, Wochen oder sogar Monate, je nach Ziel.

- Geh den ausgelegten Weg nun Schritt für Schritt und achte darauf, wo es leicht voran geht und wo es schwierige Stellen gibt. Auf dem Weg zum Ziel kann es ganz unterschiedliche Phasen geben. Manchmal hast du das Gefühl, daß du Unterstützung brauchst.

- Im folgenden möchte ich einige Techniken anführen, die dich auf deinem Weg unterstützen können. Wähle eine nach der anderen aus; Reihenfolge und Anzahl kannst du frei wählen. Verweile jeweils einen Moment auf dem Zielpunkt und genieße es, am Ziel zu sein. Je öfter du den Weg gehst, desto tiefere Gedächtnisspuren werden geschaffen. So hast du für zukünftige Situationen mehr Wahlmöglichkeiten.

- Stelle dich auf den Ausgangspunkt (Ist-Zustand) und **lächle eine Minute lang.** Es reicht, wenn du die Mundwinkel anhebst. Durch den Druck des Muskels Zygomaticus major auf einen Nerv darunter wird ein positives Signal direkt zum Gehirn geleitet. Das Lächeln hebt die Stimmung nach einer Minute um ca. 30 %. Nun gehe mit einem Lächeln den Weg zum Ziel. Wie fühlt es sich an?

- Welche **positive Erfahrung** aus deinem Leben kann dich unterstützen, das Ziel zu erreichen? Erlebe diese nochmals mit allen Sinnen: Was siehst, hörst, fühlst, riechst, schmeckst du? Je mehr Sinne einbezogen werden, desto nachhaltiger wird die positive Erfahrung aktiviert. In weiteren Übungen wird für diesen Prozeß die Abkürzung VAKOG verwendet: V für visuell (sehen), A für auditiv (hören), K für kinästhetisch (fühlen), O für olfaktorisch (riechen), G für gustatorisch (schmecken).
  Ankere den Zustand an einer Körperstelle oder mit einer Murmel oder einem Symbol. Geh den Weg mit dieser Ressource. Wie ist es nun?

- Gibt es eine Stelle auf dem Weg, die noch schwierig ist? Vielleicht braucht sie eine **Farbe.** Nimm ein farbiges Blatt, ein Farbtuch oder einen Gegenstand in dieser Farbe. Woran erinnert dich diese Farbe? An eine Situation, in der dir etwas gut gelungen ist? In der du Mut, Ausdauer oder Spaß hattest oder dich einfach wohl gefühlt hast? Erlebe diese ressourcevolle Situation nochmals mit allen Sinnen.
  Lege nun den farbigen Gegenstand auf den Weg und geh den Weg nochmals.

- Geh den Weg, während du dich selber aufmunterst (innerer Dialog):
  »**Ich kann es!**«, »Ich schaffe es!« oder »Es gelingt mir!«

- Geh den Weg **auf verschiedene Arten:** langsam, schnell, hüpfend, in Form einer Spirale, in kleinen Kreisen ... Geh auch

andere Wege. Geh vom Gegenwartspunkt nicht den ausgelegten Weg entlang, sondern mache Umwege. Das erzeugt Flexibilität. Du erreichst den Zielpunkt von einer anderen Seite.
Ein Umweg kann manchmal auch der kürzeste Weg sein.

- Höre in Gedanken deine **Lieblingsmusik,** während du den
  Weg gehst. Du kannst auch summen oder Töne erzeugen mit
  Musikinstrumenten.

- Laß ein **Tier** auftauchen, das dich auf dem Weg oder ein Stück
  des Weges begleitet. Welche besonderen Fähigkeiten hat das
  Tier? Wie erreichst du das Ziel mit diesen Fähigkeiten?

- Während du den Weg gehst, laß eine **Landschaft** um dich herum auftauchen. Was unterstützt dich auf dem Weg? ...Blu-
  menwiese, Berg, See, Ruhebank, Bäume, Meer ...

- Gibt es einen besonderen **Duft,** der dich auf dem Weg vorwärts zieht?
  Braucht es noch etwas? Farben, Tiere, andere Ressourcen? Geh
  den Weg auf deine Art und Weise und in deinem Tempo so oft,
  bis du ganz zufrieden bist.

Diese Übung kann man auch sehr gut draußen in der Natur
machen. Vielleicht wählst du einen Baum als Zielpunkt. Für die
Ressourcen, die du aus anderen Bereichen in deinem Leben aktivierst, kannst du als Symbole Gegenstände aus der Natur benutzen wie: Äste, Steine, Blätter, Tannenzapfen, Federn ... Das ist
inspirierend und erhöht die Lebensenergie.

3. Einschränkende Glaubenssätze/ Überzeugungen verändern

Unsere Glaubenssätze und Überzeugungen formen sich durch
unsere Erfahrungen, die wir im Laufe unseres Lebens machen.
Die prägendsten Erfahrungen gehen meist in die frühe Kindheit
zurück. Gefühls- und Glaubensmuster können sich schon im
Mutterleib bilden. Die werdende Mutter und der Embryo bilden

eine Einheit. Ängste, Sorgen und Gefühlsschwankungen der Mutter erlebt der Embryo auf energetischer Ebene mit. Einschränkende Glaubenssätze basieren demzufolge nicht nur auf eigenen Erfahrungen, sondern das Kind kann Gefühls- und Glaubensmuster von der Mutter, vom Vater oder anderen Bezugspersonen übernehmen. Als Beispiel dazu schildere ich eine Begebenheit aus meiner Praxis: Ein zwölfjähriges Mädchen hatte Lernprobleme und fühlte sich als Einzelgängerin. In der Therapiesitzung kristallisierte sich der Glaubenssatz heraus: »Ich gehöre nicht dazu!« Mit einer speziellen Testmethode eruierte ich den Zeitpunkt, an dem sich dieser Glaubenssatz gebildet hatte: Es war der siebte Schwangerschaftsmonat. Die Mutter erzählte dazu, daß sie in dieser Schwangerschaftsphase eine Stellvertretung an ihrem früheren Arbeitsplatz übernahm und sich sehr unwohl fühlte. Sie hatte den starken Eindruck: »Hier gehöre ich nicht hin.« Sie hat später auch nie mehr in diesem Beruf gearbeitet. Durch diese Information und ein spezielles Verfahren konnte darauf das Mädchen den einschränkenden Glaubenssatz auflösen. Der Vater schilderte mir später seinen Eindruck mit folgenden Worten: »Ich hatte immer das Gefühl, daß meine Tochter mit angezogener Handbremse durchs Leben geht. Jetzt ist sie gelöst.«

Ein ebenfalls eindrucksvolles Erlebnis hatte ich mit einem Jugendlichen. Er hatte, solange er sich erinnern konnte, Probleme mit der Haut, begleitet von Jucken und Nervosität. Die Ursprungserfahrung war »Überlebensangst« im vierten Schwangerschaftsmonat, als er »realisierte«, daß da noch ein Zwilling war. Wir haben diese Information umgeschrieben. Nach einer Sitzung war das Hautproblem verschwunden. Als Zugabe schrieb er bessere Prüfungen, weil er nun viel ruhiger und ausgeglichener war.

Ein einzelnes beeindruckendes Ereignis kann in uns eine Überzeugung beziehungsweise einen Glaubenssatz entstehen lassen über die Welt, über andere Menschen, über uns. Glaubenssätze steuern unser Verhalten. In einer nächsten Situation verhalten wir uns so, als ob z. B. die Welt gefährlich wäre. Wir haben Erwartungen und machen uns bewußt oder unbewußt Bilder, die diesem Glaubenssatz entsprechen. Dadurch erhöht sich die Wahrscheinlichkeit, daß wir in der Realität genau das erleben, was wir im Geiste schon produziert haben. Erinnerungen werden assoziativ gespeichert. Ein nächstes Ereignis, das mit ähnlichen Gefühlen erlebt wird, verbindet sich mit dem bereits vorhandenen »Knoten«. Einen solchen Knoten könnte man auch als ungelösten seelischen Konflikt bezeichnen. Da ein »Knoten« isoliert gespeichert wird, existiert er unabhängig von unseren Fähigkeiten und Ressourcen. Auf diese Weise entsteht mit der Zeit ein neuronales Netzwerk, das das Selbstwertgefühl prägt.

Die Glaubenssätze sind oft unbewußt und darum vom Verstand nicht kontrollierbar. Sie steuern sehr stark unsere Gedanken, Gefühle, unser Verhalten und unsere Entscheidungen. Sie sind dafür maßgeblich, wie wir die Welt erleben und haben so einen großen Einfluß auf unsere Lebensqualität und unseren Lebensweg. Unser Glaubenssystem wirkt für unsere Sinne wie ein Filter. Äußere Realitäten werden je nach Glaubenssystem ausgeblendet, verzerrt, vergrößert, verkleinert. Bei einer Auseinandersetzung mit einem anderen Menschen prägt sich vielleicht ein bestimmter Gesichtsausdruck ein, der Stimmklang oder ein einzelnes Wort. Bestimmte Teile des Gesprächs werden ganz ausgeklammert.

Man kann davon ausgehen, daß hinter jedem Verhaltensmuster ein Glaubenssatz steht. Ein einmal gebildeter Glaubenssatz hat die Tendenz, sich zu verstärken, indem nachfolgende ähnliche Ereignisse durch die gleiche Brille wahrgenommen werden. Eine gewisse einseitige Perspektive auf die Dinge kann sich verfestigen. Mit der Zeit ist es gar nicht mehr vorstellbar, daß es anders sein könnte. Wir erwarten dann, daß gewisse Ereignisse so ablaufen, wie wir es bereits kennen.

Im folgenden möchte ich anhand von Beispielen zeigen, wie sich Glaubenssätze auf das Verhalten auswirken können. Ein Kind, das offen auf andere zugeht, hat die innere Überzeugung, daß es den Menschen vertrauen kann. Seine ersten Erfahrungen mit Menschen sind wahrscheinlich von Wohlwollen, Akzeptanz und Liebe geprägt.

Ein Kind, das sich immer im Hintergrund hält, glaubt vielleicht, daß es nicht wichtig ist oder daß es nichts Gutes verdient oder daß es doch nie bekommt, was es will. Vielleicht hat es Ängste, weil es eine bestimmte Erfahrung gemacht hat, und ist nun überzeugt, daß die Welt gefährlich ist. Kleine Kinder sind äußerst abhängig von ihren Bezugspersonen. Sie fühlen Spannungen und entwickeln schnell Schuldgefühle, wenn in der Familie irgend etwas nicht optimal läuft.

Ein Kind, das aggressiv ist, hat vielleicht die Überzeugung, daß die Welt bedrohlich ist. Es hat Angst, entscheidet sich aber anzugreifen, bevor es angegriffen wird. Oft geht dieses Verhalten auf eine Erfahrung zurück, in der das Kind psychisch oder körperlich verletzt wurde. Um dieses ohnmächtige Gefühl nicht mehr zu erleben, zieht es sich zurück und baut eine Art Mauer um sich. In diesem Zustand nimmt es weder die eigenen Gefühle noch die Gefühle anderer wahr.

Glaubenssätze beeinflussen unser Gefühlsleben. Die Überzeugung »Das kann ich!« löst ein Gefühl von Freude, Zuversicht, Selbstvertrauen und Stärke aus. Die Überzeugung »Ich kann das nicht!« löst Gefühle wie Angst, Wut, Frustration, Resignation, Apathie aus.

Wenn du dir nochmals die Verarbeitungsebenen nach Bateson/Dilts im ersten Kapitel vor Augen hältst, siehst du, daß die Ebene Überzeugung/Glaubenssätze der Verhaltensebene übergeordnet ist. Wenn nun ein Kind über ein bestimmtes Fach glaubt, daß es das nie lernt, wird auch alles Üben nicht viel nützen, solange dieser Glaubenssatz bestehen bleibt. Er verhindert sozusagen die Fortschritte.

Einen einschränkenden Glaubenssatz kann man unter anderem über die Vorstellungskraft entmachten. Neue Glaubenssätze kann man über die Vorstellungskraft stärken. Es folgen nun einige Übungen, die du nutzen kannst, um einschränkende Glaubenssätze oder Überzeugungen aufzulösen. Beginne mit Glaubenssätzen, die du vielleicht sogar häufig sagst, wie: »Ich kann das nicht.«; »Das lerne ich nie.«; »Das ist halt so.«; »Da kann man nichts machen.«

In meinen Seminaren mache ich manchmal den Bleistifttest, um die Teilnehmerinnen die Erfahrung machen zu lassen, wie man über Vorstellungskraft einen Glaubenssatz verändern kann.

Ich formuliere folgende Aufgabe: Einen Bleistift, den ein Helfer an den äußeren Enden waagrecht festhält, mit dem Zeigefinger in zwei Stücke schlagen.

Diese Aufgabe löst meist sehr unterschiedliche Reaktionen aus. Bevor wir im Seminar definitiv zur Lösung der Aufgabe schreiten, schauen wir uns jeweils die verschiedenen Glaubensmuster an, die aktiviert werden. Es ist meist eine breite Palette von Glaubenssätzen: »Das ist nicht machbar.«; »Andere können das vielleicht, ich aber nicht!«; »Das tut sicher weh.«; »Was für eine dumme Aufgabe.«

Tatsache ist, daß die Aufgabe nicht lösbar ist, solange jemand denkt, daß es aus irgendeinem Grunde nicht gelingen kann.

Ich fordere die Teilnehmer auf, mit Hilfe der Vorstellungskraft folgendes Experiment zu machen: Ich benutze dazu bestimmte Augenstellungen, die später noch ausführlich beschrieben werden. Mit verschiedenen Kanälen (sehen-visuell, hören-auditiv, fühlen-kinästhetisch) verknüpft, erleichtern sie die Denkvorgänge.

- Nach rechts oben schauen (visuell kreieren) und sich dabei vorstellen, daß der Bleistift ein einzelnes Spaghetti ist. Imaginieren, wie man mit Leichtigkeit mit einem Finger dieses Spaghetti in zwei Stücke schlägt. Dabei ist wichtig zu beobachten, wie der Finger nicht nur daraufschlägt, sondern daß der Finger die Bewegung nach unten voll durchzieht.
- Nach rechts unten schauen (Gefühle) und spüren, wie sich diese Vorstellung im Körper anfühlt. Welche Gefühle tauchen auf? Einfach nur darauf achten und wahrnehmen.
- Nach links unten schauen (innere Stimme/innerer Dialog) und hören, was die innere Stimme dazu sagt. Welchen Kom-

mentar gibt sie ab? Welche Frage oder Befürchtung taucht auf? Einfach nur wahrnehmen, was auftaucht.

- Wieder nach rechts oben schauen und sich neue Möglichkeiten vorstellen und neue Lösungen kreieren. Nehmen wir an, daß links unten die innere Stimme sagt, daß es sicherlich schmerzt. Rechts oben, dem Zugang zur Vorstellungskraft, kann man sich ausdenken, daß der Finger eine starke Schutzhülle um sich hat. Man könnte sich auch einen »Eisenfinger« vorstellen, oder daß die Kraft der ganzen Hand durch diesen einen Finger fließt.
- Nach rechts unten schauen und spüren, wie es sich anfühlt, wenn man daran denkt, den Bleistift **jetzt** entzweizuschlagen. Wenn du spürst, daß du voll entschlossen bist, und du denkst »Ich kann das!« – dann nur zu. Als Unterstützung kannst du mit der Hand weit ausholen und laut schreien, wie man das bei fernöstlichen Wettkampfsportarten tut.
- Falls du noch Zweifel hast, dann blicke nochmals nach links unten und höre auf die innere Stimme.
- Nimm diese Information der inneren Stimme mit, wenn du nun nach rechts oben schaust und dir neue Lösungen vorstellst.
- Diese drei Schritte (rechts oben: Vorstellungskraft – rechts unten: Gefühl – links unten: innere Stimme/innerer Dialog) kannst du so lange durchlaufen, bis du ganz sicher bist, daß es gelingt, und du entschlossen bist, es **jetzt** zu tun.

Falls nach diesen Schritten noch immer Zweifel bestehen sollten, kann man auch Übungen mit der Magic line card machen, die im dritten Kapitel vorgestellt wird.

Die »Bleistifterfahrung« kann sehr wertvoll sein, weil wir innerhalb einiger Minuten erleben können, wie wir über die Vorstellungskraft den Glaubenssatz »Ich kann nicht!« zu »Ich kann!« verändern können.

Ich mache den Bleistifttest übrigens auch gerne mit Kindern, um zu veranschaulichen, welche Auswirkung innere Überzeugungen haben und wie man sie über die Vorstellungskraft verändern kann.

Glaubenssätze/Überzeugungen können uns also einschränken, oder sie können uns unterstützen, unsere Ziele zu erreichen. Glaubenssätze, die uns unterstützen und uns mehr Wahlmöglichkeiten auf unserem Lebensweg geben, sind zum Beispiel:

- Ich bin okay, so wie ich bin.
- Ich tue das Beste, was ich tun kann.
- Ich bin gut.
- Ich bin fähig./Ich bin intelligent.
- Ich kann lernen. Ich bin in der Lage zu lernen.
- Ich bin kreativ (habe gute Ideen).
- Ich bin liebenswert.
- Ich bin stark.
- Ich vertraue mir.
- Ich bin erfolgreich.

Als Erwachsene können wir Kindern ein großes Geschenk machen, wenn wir sie mit solchen stärkenden Glaubenssätzen in Kontakt bringen. Dazu kannst du z. B. folgende Übung verwenden.

❖ *Sonnenstrahl-Übung*

Du kannst eine Sonne auf ein Blatt zeichnen. In der Mitte des Kreises schreibst du »Ich bin«. Der Kreis kann auch ein Symbol sein für dein inneres Selbst, dein Kern-Selbst. Auf die Sonnenstrahlen kannst du innere Zustände einsetzen, die du manchmal erlebst und die hilfreich für dich sind. Du mußt die Sonne nicht auf einmal erstellen. Du kannst nach und nach Sonnenstrahlen anfügen. Vielleicht hast du Lust, nach einer besonderen Erfahrung einen Sonnenstrahl aufzumalen.

Mit Kindern kann man daraus ein **Ritual** machen. Man kann gemeinsam herausfinden, welche Strahlen an diesem Tag beson-

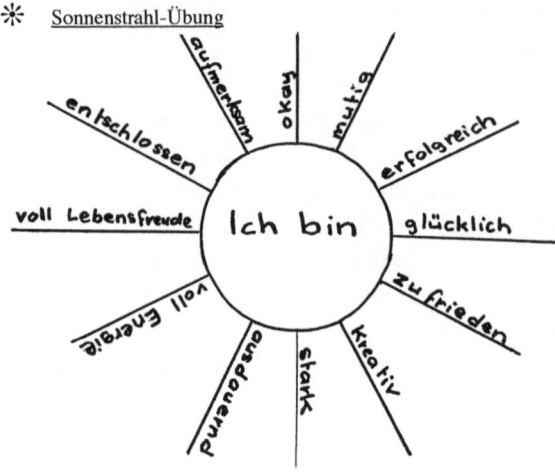

ders kraftvoll waren. Vielleicht sind neue dazugekommen, die man zeichnen kann.

Es kann auch sein, daß ein innerer Zustand über längere Zeit nicht zur Wirkung gekommen ist. Ein anderer positiver Gefühlszustand, symbolisiert als Sonnenstrahl, könnte in diesem Fall behilflich sein. Nehmen wir an, der Sonnenstrahl »zufrieden« hat schon lange nicht mehr gestrahlt. Mit anderen Worten, das Kind ist mit sich oder jemandem oder etwas unzufrieden. Wir können zusammen mit dem Kind herausfinden, welcher Strahl helfen könnte. Vielleicht geht es darum, »mutig« und »entschlossen« Lösungen für ein Problem zu suchen, einen neuen Weg zu gehen, »kreativ« zu sein, um wieder »zufrieden«, also in Frieden mit sich selbst sein zu können.

Hier kann das Kind alles anführen, was es gerne tut (Tätigkeiten) und ihm gut gelingt (Fähigkeiten). Dahinter steckt natürlich immer eine Überzeugung, ein Glaubenssatz. Das Kind hat in einer oder mehreren Situationen eine bestimmte Erfahrung gemacht und leitet bewußt oder unbewußt einen Glaubenssatz

Eine **Variante** zu »Ich bin« ist »Ich bin ein Mensch, der...«/»ein Kind, das...«

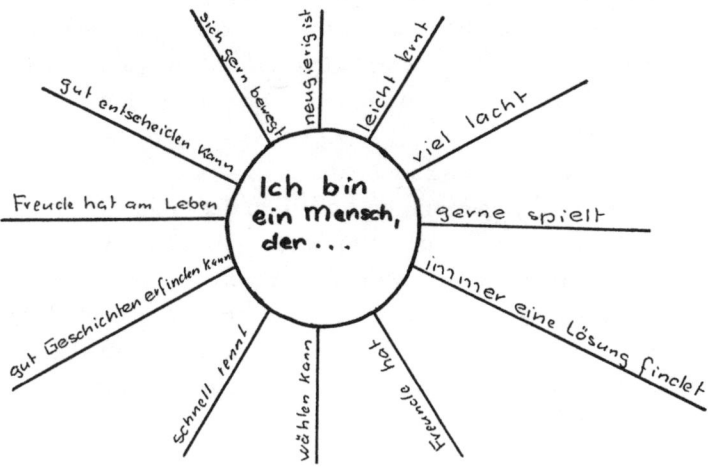

davon ab. Je häufiger du das Kind mit seinen Fähigkeiten/Talenten/Ressourcen in Kontakt bringst, desto stärker wird sein Selbstvertrauen wachsen. Es kann dann mutig und sicher seinen Lebensweg gehen.

❖ *Schnelle Glaubensänderung*

Mit der schnellen Glaubensänderung nach Gundel Kutschera kann man einen einfacheren Glaubenssatz in kurzer Zeit verändern. Es kann auch der Beginn sein, einen einschränkenden Glaubenssatz zu destabilisieren und ins Wanken zu bringen. Dadurch fängt man an zu zweifeln, ob die einschränkende Überzeugung tatsächlich berechtigt ist, und man wird offen dafür, etwas Neues zu glauben.

• Laß das Kind einen einschränkenden Glaubenssatz nennen, den es aufgeben möchte. Der Satz sollte möglichst kurz und prägnant formuliert werden.

59

»Ich kann nicht schreiben.«

»Ich bin unfähig zu lernen.«

- Das Kind formuliert nun die neue Überzeugung, die es anstelle der alten lieber hätte. Du kannst ihm behilflich sein, den neuen Glaubenssatz zu formulieren. Er sollte kurz und klar sein. Es ist sinnvoll, ihn beginnen zu lassen mit: »Ich kann lernen ...!«

z. B.« Ich kann lernen zu schreiben!«

Laß das Kind eine Situation finden, in der es die erwünschte Erfahrung schon einmal erlebt hat, die aber eine Ausnahmesituation darstellt. Gib dem Kind einen Moment Zeit, sich diese Situation mittels aller Sinne zu vergegenwärtigen. Während das Kind diese besondere Situation noch einmal erlebt, kannst du diesen Ressourcezustand auf einer Körperstelle des Kindes ankern. Du kannst vorher einen Zauberpunkt mit dem Kind vereinbaren, z. B. Unterarm, wo die guten Gefühle geankert werden.

- Das Kind spricht nun hintereinander abwechselnd und immer schneller den alten und den neuen Glaubenssatz:

z. B. »Ich kann nicht schreiben:«

»Ich kann lernen zu schreiben.«

»Ich kann nicht schreiben.«

»Ich kann lernen zu schreiben.« usw.

Du hältst die ganze Zeit über den Anker, um dem Kind zu helfen, die einmalige Situation zu generalisieren. Es ist interessant zu beobachten, wie die Betonung des Satzes sich verändert.

- Du läßt das Kind so lange die zwei Sätze sprechen, bis der einschränkende Glaubenssatz »entmachtet« ist. Manchmal sagen die Kinder spontan: »Jetzt glaube ich es nicht mehr!«

- Frage das Kind, wo es das nächste Mal Gelegenheit hat, den neuen Glaubenssatz auszuprobieren. Laß es zukünftige Situationen durchträumen, bis es ganz zufrieden ist.

❖ *Beklopfen des Befreiungspunktes*

In der Psycho-Kinesiologie nach Dietrich Klinghardt wird der Punkt Dünndarm 3 geklopft, um einen neuen Glaubenssatz zu lernen. Dieser sogenannte Befreiungspunkt befindet sich an der Außenkante unterhalb des kleinen Fingers an der nicht dominanten Hand (meist links). Du findest ihn am besten, wenn du kurz die Hand zur Faust ballst. Eine schräg ablaufende Handlinie bildet an der Handaußenkante eine kleine Falte. Hier ist der Punkt Dünndarm 3 oder Befreiungspunkt. Dieser Punkt aktiviert und balanciert das gesamte autonome Nervensystem. Durch langsames Beklopfen dieses Punktes wird das Nervensystem in einen entspannten Zustand versetzt. Der stärkende Glaubenssatz wird langsam und bewußt sechsmal ausgesprochen, während der Befreiungspunkt beklopft wird.

Das Ziel ist, einen einschränkenden Glaubenssatz – wie auf einem Tonband – mit einem stärkenden Glaubenssatz zu überspielen. Wenn das Kind z. B. denkt: »Ich lerne diesen Text nie!«, kann man ihm behilflich sein, den Satz zu finden, den es lieber glauben möchte.

»Ich lerne den Text leicht!«

»Ich kann den Text leicht lernen und mir gut merken!«

»Ich lerne das leicht und mache eine gute Prüfung!«

Klinghardt macht darauf aufmerksam, daß das Ursprungsereignis, in dessen Folge der einschränkende Glaubenssatz entstanden ist, unter Umständen zuerst gelöscht werden muß. Falls sich also der einschränkende Glaubenssatz hartnäckig hält, ist vielleicht professionelle therapeutische Hilfe anzuraten.

❖ *Im Kreis erstarken*

Bei dieser Übung, die ich für Kinder erfunden habe, geht es ebenfalls um die Veränderung eines einschränkenden Glaubenssatzes. Das Kind wählt eine Tätigkeit, von der es denkt »Ich kann das nicht!« Dieser Glaubenssatz wird schließlich entmachtet auf dem Umweg über andere Lebensbereiche des Kindes, wo es eine starke innere positive Überzeugung hat: »Ich kann das!«

1. Suche etwas, wovon du glaubst, daß du es nicht kannst oder nicht gut kannst. Verspürst du den Wunsch, das zu ändern? Dann wähle ein Tuch (ein Papier) in der passenden Farbe, leg es auf den Boden, stelle dich darauf und spüre einen Moment lang, wie es sich anfühlt. (Position X)

2. Nun gibt es in deinem Leben viele Bereiche, wo du dich sicher fühlst und von denen du weißt, daß du das kannst (Hobby, Sport, Schulfach, Verhalten). Wähle zu jedem der vier bis sechs Bereiche ein farbiges Tuch und lege die Farbtücher in einem Kreis um das bereits auf dem Boden liegende Tuch X.

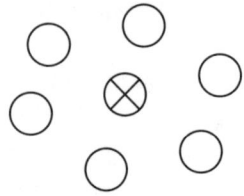

3. Stelle dich auf jedes Tuch, erlebe diese Situation mit allen Sinnen (Was siehst, hörst, spürst, riechst, schmeckst du? Was sagst du zu dir selber?) Nun sag laut:
   Ich kann gut... **und** (Sprung oder Schritt in die Mitte auf X) ich kann lernen...
   z. B. Ich kann gut skifahren **und** ich kann lesen lernen.

4. Steh nun in die Mitte und spüre, wie es sich anfühlt. Drehe dich im Uhrzeigersinn, während du an X denkst und gleichzeitig die farbigen Tücher im Kreis siehst, die deine Fähigkeiten und Stärken repräsentieren. Dreh dich so lange, bis du weißt und spürst: »Ich kann X«.

5. Reihe das Farbtuch X nun auch in den Kreis ein. Geh im Kreis über die farbigen Tücher und denke an alle Bereiche, die du gut kannst. Stell dich einen Augenblick lang in die Mitte und genieße es, in diesem starken Kreis zu sein.

Das »**und**« wirkt als verbindende Strategie und Brücke, um einen positiven inneren Zustand von einem Gebiet in ein anderes zu tragen. Das Selbstvertrauen des Kindes wird gestärkt, und es kann mutig und entschlossen die Tätigkeit angehen.

4. Fähigkeiten stärken – Strategien entwickeln

Eine Grundannahme im Neurolinguistischen Programmieren (NLP) besagt, daß jeder Mensch die meisten Fähigkeiten in sich hat, die er gerade in seinem Leben braucht, um Probleme zu lösen und Ziele zu erreichen. Oft sind diese Fähigkeiten verborgen, und wir müssen sie entdecken und entwickeln. Das Optimieren von Fähigkeiten oder auch der Erwerb neuer Fähigkeiten gelingt am leichtesten über die Vorstellungskraft. Für das Gehirn macht es keinen großen Unterschied, ob wir über die Phantasie oder in Wirklichkeit eine Fähigkeit erwerben. Deshalb kann man Vorstellungsbilder für Lernprozesse gut nutzen. Fähigkeiten haben mit Verhaltensweisen und Strategien zu tun. Die Fähigkeit, sich gut motivieren zu können für eine Aufgabe, beinhaltet z. B. die Strategie, sich ein inneres Bild über ein erfolgreiches Ergebnis zu schaffen und sich über den inneren Dialog Mut zuzusprechen.

Augenmuster

Die Strategien sind wiederum mit unseren Augenmustern verknüpft. Die Begründer des Neurolinguistischen Programmierens (NLP) Richard Bandler und John Grinder fanden heraus, daß es einen eindeutig nachweisbaren Zusammenhang zwischen den Augenbewegungen und den Denkprozessen gibt.

Sie entwickelten folgendes Schema der **Augenbewegungen**. Es gilt für die allermeisten Rechtshänder.

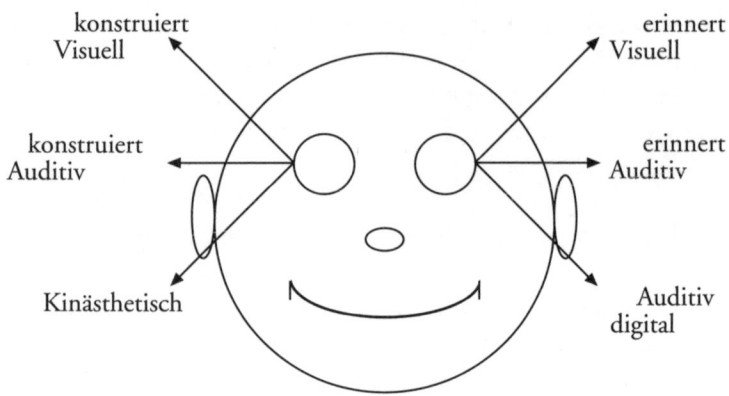

konstruiert Visuell

erinnert Visuell

konstruiert Auditiv

erinnert Auditiv

Kinästhetisch

Auditiv digital

Abbildung aus Dilts, R. u. a.: Know how für Träumer, Junfermann, Paderborn 1994, S. 94

Erklärung:

Augen links oben:	visuelle Erinnerung (erinnerte Bilder)
Augen rechts oben:	visuelle Konstruktion (konstruierte Bilder)
Augen Mitte links:	auditive Erinnerung (Klänge, Geräusche, Wörter)
Augen Mitte rechts:	auditive Konstruktion (Klänge, Geräusche, Wörter)
Augen unten links:	auditiv digital (Selbstgespräch, innerer Dialog)
Augen unten rechts:	kinästhetisch (Gefühle, Empfindungen)

Die Augenbewegungen geschehen automatisch und unbewußt und begleiten die innere Informationssuche. Beim Nachdenken bewegen wir unsere Augen mehr oder weniger sichtbar in unterschiedliche Richtungen. Je nachdem, ob man gerade innerlich mit Bildern, Geräuschen oder Gefühlen beschäftigt ist, blickt man in verschiedene Richtungen.

Wenn die Augen sich nach oben links bewegen, haben wir Zugang zum visuellen Gedächtnis d. h. wir erinnern uns in dieser

Augenposition am besten an Bilder. Die rechte nicht-dominante Hirnhemisphäre wird dabei aktiviert.

Wenn man die Augen nach rechts oben wendet, stimuliert man die linke Hirnhemisphäre und kann Bilder konstruieren, d. h. etwas visualisieren, das man noch nie gesehen hat.

Bei einer Blickrichtung waagerecht auf die linke Seite hat man Zugang zu auditiven Erinnerungen, zu Wörtern, Geräuschen, Tönen.

Blickt man waagerecht auf die rechte Seite, kann man auf der auditiven Ebene Geräusche oder Töne konstruieren.

Wenn man die Augen nach rechts unten führt, kommt man am leichtesten in Kontakt mit seinen Gefühlen.

Wenn man auf die innere Stimme hören will oder ein Selbstgespräch führen will, ist es am besten, nach links unten zu schauen.

Augenbewegungen treten spontan auf, wenn jemand intensiv nachdenkt, sich konzentriert, visualisiert, tagträumt, kreativ ist, stark emotionale Ereignisse überdenkt.

Du kannst einfach in der nächsten Zeit Menschen beim Sprechen beobachten. Du wirst erleben, daß der Blickkontakt aufrechterhalten wird, solange die Information fließt. Wenn dein Gesprächspartner eine innere Information sucht, werden seine Augen sofort bestimmte Bewegungen machen, je nachdem ob er nach Bildern, Geräuschen oder Gefühlen sucht.

Mit einiger Übung kann man so auch beobachten, wie der Denkprozeß verläuft. Man kann auch Fragen stellen und dann die Augenbewegungen beobachten. Oft läuft aber nach einer Frage eine ganze Suchstrategie ab. Wenn du z. B. verschiedene Menschen fragen würdest: »Welches Gefühl spürst du, wenn du barfuß im warmen Sand gehst?« Manche Menschen werden sofort mit den Augen nach rechts unten gehen (kinästhetisch) und ihr Gefühl beschreiben. Andere gehen mit den Augen nach links oben (visuell erinnert) und erinnern sich an das Bild eines Strandes, an dem sie waren. Vielleicht gehen sie dann mit den Augen nach links unten (Selbstgespräch) und denken: »Das war super!«

Erst dann gehen sie nach rechts unten und kommen in Kontakt mit dem Gefühl, wenn sie über den Sand laufen.

Die Strategie, die unwillkürlich und unbewußt abläuft, meist auch sehr schnell, hat auch mit unserem bevorzugten Kanal zu tun. Ein visueller Mensch kann sich besonders gut an Bilder erinnern und sich etwas vorstellen. Um Zugang zu einem Gefühl zu bekommen, wählt er oft den Umweg über Bilder.

Menschen mit einem bevorzugten kinästhetischen Kanal (Gefühl), müssen etwas spüren, empfinden. Sie begreifen etwas, indem sie es in die Hand nehmen, indem sie experimentieren, ausprobieren, handeln.

Bei Lernprozessen spielen die Augenbewegungen eine wichtige Rolle. Wenn bei einem Kind in der Schule das Augenbewegungsmuster aktiv ist, bedeutet das, daß seine Aufmerksamkeit von außen abgezogen und nach innen gerichtet ist. Es läuft ein innerer Suchprozeß ab. Vielleicht braucht es innere Informationen, um eine Frage zu beantworten, vielleicht versucht es eine eben aufgenommene Information von außen einzuordnen, zu vergleichen oder mit schon gespeicherten Inhalten zu verknüpfen.

Wenn das Kind eine Geschichte hört, gehen seine Augen nach oben. Es läuft ein innerer Film ab. Vielleicht bewegen sich die Augen oben hin und her, weil das Gehirn bereits bekannte Bildelemente mit neu kreierten verknüpft. Es kann aber auch sein, daß das Kind nach unten rechts blickt, weil es die Geschichte intensiv auf der Gefühlsebene miterlebt. Häufig passiert es auch, daß Kinder beim Geschichtenanhören in Trance geraten, in eine andere Bewußtseinsebene. Dabei haben sie einen Blick wie beim Tagträumen, der gerade nach vorn gerichtet ist und durch alles hindurchgeht, ohne etwas wahrzunehmen. Das Kind hat in diesem Moment Zugang zu inneren Welten; die Realität ist ausgeblendet.

Es ist unsinnig, Kinder dazu anzuhalten, ihre Aufmerksamkeit immer nach außen zu richten und ganz wach dabeizusein. Damit Denkprozesse sich optimal entwickeln können, braucht es die Aufmerksamkeit nach innen.

Ich erinnere mich an einen Elternabend bei Erstkläßlern. Die

Lehrerin hat sich beschwert, daß die Kinder nicht einmal zuhören können, wenn sie eine Geschichte erzählt. »Kaum ein Kind schaut mich an, wenn ich eine Geschichte erzähle.« Ich habe ihr dann erklärt, wie sich Kinder über Augenbewegungen innerlich Bilder machen zur Geschichte, wie durch eine Geschichte eigene Erfahrungen und Gefühle aktiviert werden können.

Es entsteht tatsächlich ein Problem in der Kommunikation zwischen Lehrer und Kind, wenn diesen ein solcher Sachverhalt nicht bekannt ist.

Wie viele Schüler haben schon den Satz gehört: »Die Antwort steht nicht an der Decke geschrieben«, wenn der Blick des Schülers automatisch nach links oben wandert, um sich an ein Bild oder an eine bestimmte Seite im Buch zu erinnern.

Wie viele Kinder werden ungerechtfertigt als unkonzentriert oder Träumer bezeichnet, wenn sie während des Unterrichts in Fensterrichtung schauen (links), um sich an visuelle oder auditive Informationen zu erinnern.

Wenn man einem Kind etwas erklärt, ist es durchaus sinnvoll, auf seine Augenbewegungen zu achten. Erstens ahnt man dann, in welchem Kanal die Information verarbeitet wird, und zweitens sieht man, wann der Denkprozeß abgeschlossen ist. Erst wenn der Blick wieder nach außen gerichtet und wach ist, ist es sinnvoll, neue Informationen zu vermitteln.

Man kann das Kind in seinem Denkvorgang unterstützen, indem man zu ihm sagt: »Gut, laß dir Zeit . . .!«

Alle Strategien wie Entscheidungsstrategien, Motivationsstrategien, Kreativitätsstrategien, Lernstrategien haben mit den Augenbewegungsmustern und inneren Denkvorgängen zu tun. Im Neurolinguistischen Programmieren (NLP) befaßt man sich mit dem Herausfinden von optimalen Strategien. Dazu befragt man Menschen, die in einer bestimmten Tätigkeit sehr erfolgreich sind, um herauszufinden, welche Strategien sie anwenden. Da die Strategien meist unbewußt ablaufen, kann man über das Beobachten der Augenbewegungen das Muster herausfinden. Diesen Prozeß nennt man Modellieren.

Beim weiter oben beschriebenen Bleistifttest verwende ich eine **Kreativitätsstrategie** nach Walt Disney mit der Bezeichnung Träumer – Realist – Kritiker. Diese Strategie besteht aus einer Schleife, die beliebig wiederholt werden kann. Der Träumer benutzt die Vorstellungskraft, er visualisiert neue Möglichkeiten und findet Lösungen (Augen rechts oben). Der Realist überprüft, ob das umsetzbar ist. Er handelt und spürt, wie es sich anfühlt, es zu tun (Augen rechts unten). Der Kritiker sagt, was an diesem Plan gut ist und was noch fehlt (Augen links unten).

❖ *Lesestrategie*

Man hat herausgefunden, daß gute Leser automatisch das Buch in Augenhöhe halten. Offenbar wird das Gelesene so viel leichter und schneller in Bilder umgesetzt. Der Weg zum visuellen Bereich (oberes Blickfeld) ist dabei viel kürzer, als wenn das Lesematerial vor dem Leser auf dem Tisch liegt. Ein spannendes Buch lesen die meisten Menschen in bequemer Sitzhaltung oder liegend. Dabei ist das Buch immer in Augenhöhe.

Interessanterweise behalten Kinder, die Leseprobleme haben, die Angewohnheit bei, das Buch, wie beim Lesen in der Schule, auf eine Unterlage zu legen. Sie schauen dabei nach unten und haben eher Zugang zu ihren Gefühlen (rechts unten) und ihrer inneren Stimme (links unten). Sie geraten dabei leicht in jene unangenehmen Gefühle, die mit dem Lesenlernen verbunden waren. Ich gebe solchen Kindern jeweils den Auftrag, für sich daheim den idealsten Leseplatz und die bequemste Lesehaltung herauszufinden und dabei das Buch in Augenhöhe zu halten. Oft kann schon allein dadurch ein einschränkendes Lesemuster unterbrochen werden.

Für viele Kinder – wie auch für viele Erwachsene – stellt sich das Bett als idealer Leseplatz heraus.

❖ Rechtschreibstrategie

Viele Kinder, die Rechtschreibprobleme haben, verfügen über eine auditive Lernstrategie. Wenn sie sich an ein Wort erinnern wollen, geschieht dies über das Hören. Sie hören das Wort innerlich, während ihre Augen Richtung Mitte links gehen. Oft wird das Wort nochmals innerlich ausgesprochen, manchmal bewegen sich dabei die Lippen. Diese Kinder geraten irgendwann in Schwierigkeiten, weil sie über keine inneren Wortbilder verfügen und weil viele Wörter nicht so geschrieben werden, wie sie klingen. Beim Lernen von Fremdsprachen wird das Problem oft noch gravierender.

Eine optimale Rechtschreibstrategie ist visuell. Wer innerlich Wortbilder gespeichert hat, kann gute Leistungen im Rechtschreiben erbringen.

Oft kann man bei Erwachsenen beobachten, wenn sie bei einem Wort unsicher sind, daß sie zwei oder drei mögliche Formen des Wortes aufschreiben. Sie schauen die Wörter an und spüren, welches richtig ist. Sie vergleichen innerlich mit dem gespeicherten Wortbild und spüren ein »okay« beim richtigen Wort.

Um innere Wortbilder zu speichern, ist es sinnvoll, Lernwörter auf eine Karte zu schreiben und sie dem Kind in der Augenposition anzubieten, wo sich das Gehirn am besten an Bilder erinnern kann. Wir haben gesehen, daß das für die meisten Rechtshänder links oben ist.

Bei Linkshändern kann es – muß aber nicht – genau umgekehrt sein. Ich kann das überprüfen, indem ich dem Kind Fragen über vergangene Ereignisse stelle. Ich kann das Kind beobachten, wenn es spontan visuelle Erinnerungen abruft. Ich kann auch ein Bild, ein Foto im oberen Gesichtsfeld des Kindes zeigen: links, in der Mitte, rechts. Ich nehme die Fotos weg und halte nur noch die Hand in diese Position und frage das Kind, an welchem Ort es das klarste Bild von dem Foto hat, wo die Information am deutlichsten vorhanden war. Mit der Zeit wird man merken, welche

Augenposition für dieses Kind die optimale ist, um Wortbilder zu speichern.

Vorgehen

- Schreibe ein Wort auf eine Karte und halte sie innerhalb des Gesichtsfeldes des Kindes links oben (erinnerte Bilder.) Das Kind soll auf die Gestalt des Wortes achten, auf Doppelbuchstaben, Anfangsbuchstaben ...
- Du nimmst die Karte weg und forderst das Kind auf, weiterhin in die gleiche Richtung zu blicken und sich ein Bild vom Wort zu machen. »Stell dir einfach vor, wie das Wort aussah.«
- Wenn das Kind unsicher ist, bringst du die Karte wiederholt in sein Blickfeld, bis es ein klares inneres Bild hat. Man kann das Wort auch von hinten nach vorne buchstabieren lassen. Das zwingt zum Visualisieren. Längere Wörter teilt man auf.
- Sobald das Kind das Wortbild klar vor Augen hat, kann es das Wort aufschreiben.
- Das Kind soll das geschriebene Wort mit dem Bild in seinem Gedächtnis (Blick nach links oben) vergleichen. »Sieh nach, ob es sich richtig anfühlt.«
- Zeig ihm nochmals die Wortkarte links oben, um zu vergleichen.

Streßabbau durch Augenbewegungen

Es gibt beim NLP verschiedene Übungen, um belastende Erinnerungen, negative Erfahrungen über Augenbewegungen zu verarbeiten und damit verbundene Streßmuster zu lösen. Augenbewegungen scheinen den Zugang zum Nervensystem zu öffnen und dem Gehirn die Verarbeitung von Erfahrungen zu ermöglichen.

In jüngster Zeit hat die amerikanische Psychologin Francine Shapiro viele umfassende Untersuchungen über Augenbewegungen vorgenommen. Sie schreibt, daß viele Kindheitserfahrungen »von Gefühlen der Machtlosigkeit, der fehlenden Entscheidungsfreiheit, des Mangels an Einfluß auf eine Situation und des Gefühls der eigenen Unzulänglichkeit durchtränkt«[6] sind. Sogar wenn ein Kind eine glückliche Kindheit hat, gibt es doch darin Augenblicke, in denen es sich verlassen und machtlos fühlt. Sogar solche harmlosen Erfahrungen, die gespeichert werden, können die Ursache für Störungen sein.

Ich habe viele verschiedene Übungen erfunden, um bestimmte Muster über Augenbewegungen zu lösen. Ich habe dazu die Magic line card entwickelt, über die ich noch ausführlich berichten werde und die du am Schluß des Buches findest.

❖ Ich bin gut drauf

In dieser Übung »Gut drauf sein« geht es darum, sich in einen guten Zustand zu versetzen, indem man sich mit der Fähigkeit eines Tieres verbindet. Viele Kinder haben eine intensivere Beziehung zu Tieren als Erwachsene. In meiner Praxis habe ich viele Stofftiere. Ich lasse das Kind ein solches Tier auswählen als Helfer. Ich sage dem Kind z. B. »Such dir ein Tier aus, das irgend etwas besonders gut kann, das du auch brauchen könntest.« Vielleicht wählt das Kind den Löwen, weil er mutig und stark ist. Es wählt den Adler, wenn es gerne Übersicht haben möchte. Der Adler kann etwas aus weiter Ferne beobachten. Den Fuchs wählen Kinder, weil er schlau ist und viele Wege kennt. Die Schildkröte haben Kinder gern, die auch für sich gern einen Ort haben, wohin sie sich zurückziehen können. So hat jedes Tier seine ganz bestimmten Fähigkeiten. Ob ich jetzt dem Kind ein Stofftier anbiete oder ob es einfach ein inneres Bild von einem Tier hat, spielt letztendlich keine große Rolle. Wenn das Kind ein Tier als inneren Helfer auswählt oder einfach in Gedanken auftauchen läßt, aktiviert und verstärkt es damit auch seine eigene Fähigkeit, etwas auf eine bestimmte Art zu tun oder diese Eigenschaft zu haben.

- Denke an etwas, mit dem du unzufrieden bist. Vielleicht ist es eine bestimmte Situation, ein Verhalten, ein Schulfach...

Suche dir einen bestimmten Platz im Raum. Du kannst ihn markieren mit einem Papier, Seil, Gegenstand ...

- Steh an diesen Platz und denke an das Thema, während du eine Minute lang lächelst. Es reicht, wenn du die Mundwinkel anhebst. Das Lächeln hebt, wie gesagt, die Stimmung spürbar. Laß das innere Bild eines Tieres auftauchen, das dir in dieser Situation helfen kann.
Vielleicht hat dieses Tier genau die Fähigkeiten, die du brauchst, um in dieser Situation gut drauf zu sein. Vielleicht ist das Tier mutig, schnell, stark, ausdauernd, aktiv, schlau, entspannt.... Vielleicht kann es gut beobachten und schnell handeln.
- Drehe dich im Uhrzeigersinn (rechtsherum) um deine Achse, während du an das Thema und die Fähigkeit des Tieres denkst. Drehe dich so lange, bis du ganz zufrieden bist. Während des Drehens verändern sich Denk- und Gefühlsmuster. Du kommst über das Tier in Kontakt mit Fähigkeiten, die in dir immer stärker werden.

5. Verhaltensmuster erweitern

Unser Verhalten wird – wie gesagt –, von unseren Glaubenssätzen gesteuert. Man könnte sagen, daß hinter jedem Verhalten ein Glaubenssatz steht. Einschränkende Glaubenssätze müssen erst verändert werden, damit auf der Verhaltensebene Veränderungen eintreten. Sonst kann es sein, daß das Üben viel Zeit und Energie verschlingt und wenig dabei herauskommt.

Da diese Themen natürlich nicht nur die Kinder angehen, formuliere ich das Thema eher allgemein und gebe ein paar spezielle Hinweise, was Kinder anbelangt.

Zeiteinteilung

Wenn du häufig das Gefühl hast, zu wenig Zeit zu haben, kann es sinnvoll sein, eine Zeitlang mit Zeitplänen und Prioritätenlisten zu arbeiten. Oft kommt es vor, daß Streß entsteht, weil für manche Tätigkeiten zu wenig Zeit eingeräumt wird. Das kann dazu führen, daß man das Tagespensum überlädt und am Schluß des Tages frustriert ist. Beginne damit, eine Prioritätenliste zu erstellen. Du kannst alle Tätigkeiten aufschreiben und dann eine Dringlichkeitsskala anfügen. Du kannst z. B. eine Einteilung von eins bis fünf vornehmen, wobei die Tätigkeiten mit einer Eins Dringlichkeitsstufe eins haben, dementsprechend steht die Tätigkeit mit einer Fünf zuunterst auf der Prioritätenliste. Sobald du eine Tätigkeit abgeschlossen hast, kannst du sie auf der Liste streichen. Du kannst auch ein Smily-Gesicht dazumalen. Am Abend blickst du dann auf eine Reihe Smily-Gesichter, die dir ein gutes Gefühl geben.

Manche Menschen planen gerne einen Tag genau Stunde für Stunde und sehr detailliert. Andere setzen einen größeren Zeitrahmen fest. Es ist sehr sinnvoll, eine größere, zeitaufwendige Arbeit in kleine Einheiten zu teilen. Ansonsten kann bei manchen Menschen ein Gefühl auftauchen, diesen »Berg« nie zu schaffen. Mit diesem Gefühl verliert man dann sehr viel Zeit und Energie.

Wenn man Kinder bei der Zeitplanung unterstützen will, ist es sehr wichtig, ihren Bedürfnissen Rechnung zu tragen. Viele Kinder haben nach der Schule erst einmal das Bedürfnis, draußen zu spielen und sich zu bewegen. Starre Zeitpläne können oft nicht lange durchgehalten werden, und sie können als solche streßauslösend sein.

Die subjektiv erlebte und objektive Zeit sind nicht identisch. Manchmal erscheint eine halbe Stunde als lang und manchmal als wahnsinnig kurz. Wenn Kinder das Gefühl haben, sie müssen sehr lange Zeit Aufgaben machen, kann es sinnvoll sein, eine Zeitliste aufzustellen. Das Kind trägt vor der Erledigung der Aufgabe die voraussichtliche Dauer ein und nach Abschluß den tatsächlichen Zeitaufwand. So lernt es, den Aufwand einzuschätzen und erlebt oft auch angenehme Überraschungen. Hier spielen natürlich schon wieder die Glaubenssätze eine Rolle. Ein Kind könnte denken: »Ich brauche für diese Rechnungen sowieso eine ganze Stunde«, oder ein anderes Kind könnte sich auch sagen: »Es würde mich wundern, wenn ich es nicht in einer halben Stunde schaffe.« Im ersten Fall ist Resignation zu spüren, im zweiten Fall geht es eher darum, zuversichtlich ein neues Ziel anzusteuern.

Bei kreativen Arbeiten ist ein strenger Zeitrahmen oft eher hinderlich. Wenn man sich die Freiheit nimmt, flexibel mit der Zeit umzugehen, kann man oft mit einem geringeren Aufwand in kurzer Zeit zuwege bringen.

Oft ist es aber so, daß man zuerst mit einer Struktur vertraut sein muß, bevor man sich von ihr lösen kann. Das würde heißen, daß ich Fähigkeiten entwickle, um Zeit zu planen und Zeitpläne einzuhalten, aber auch lerne, mit der Zeit zu »fließen«. Wenn man weiß, daß man die Zeit beherrschen kann, wird man sie nach und nach auch loslassen können und die Dinge nehmen, wie sie kommen. Man wird immer mehr ein Gefühl dafür entwickeln, die Dinge zum genau richtigen Zeitpunkt und mit dem geringsten Aufwand zu erledigen.

Muster erkennen

Verhaltensmuster

Bestimmte Verhaltensmuster können bei der Erledigung von Arbeiten förderlich sein. Eine bestimmte Ordnung auf dem Pult erleichtert den Überblick. Stehen die nötigen Hilfsmittel griffbereit, erspart man sich Zeit beim Suchen.

Es ist sinnvoll, sich die Reihenfolge der Arbeiten zu überlegen und womöglich abwechslungsreich zu gestalten, weil man dann weniger schnell ermüdet. Bei den Hausaufgaben ist es sinnvoll, Dinge, die man auswendig lernen muß, wie Vokabeln, Vorbereitungen für Tests, am Anfang einmal durchzugehen. Dabei setzt man die entsprechenden Augenbewegungen ein, wie oben beschrieben. Nach ein bis zwei Durchgängen kann man diesen Lernstoff beiseite legen und eine »kreative Pause« machen, mit anderen Worten, eine andere Aufgabe erledigen, vielleicht etwas Schriftliches, während die vorher aufgenommenen Informationen Zeit haben, sich zu setzen und auf der unbewußten Ebene mit bereits vorhandenem Material zu verknüpfen. Nach fünfzehn bis zwanzig Minuten »kreativer Pause« kann man sich wieder mit diesem Lernstoff bewußt befassen. Vielleicht reicht dieser Durchgang; sonst kann man nochmals eine »kreative Pause« einlegen und den Stoff später noch einmal bewußt aufnehmen.

Wenn man beim Lernen eine Blockade spürt, ist es sinnvoll zu unterbrechen. Vielleicht wendest du schon Unterbrecher an wie Aufstehen, Herumgehen, aufs WC gehen, Musik hören, lesen, trinken, essen, etwas ganz anderes tun. Auf jeden Fall ist es sinnvoll, sich aus einem blockierten Zustand so schnell als möglich herauszuholen, um wieder Zugang zu den eigenen Ressourcen zu gewinnen. Dazu eignen sich auch Entspannungsübungen, wie sie in einem separaten Kapitel beschrieben sind, und natürlich alle Übungen mit der Magic line card.

Gefühlsmuster

Du kannst überlegen: »Was möchte ich gern als erstes tun?« »Wozu bin ich am meisten motiviert?« »Wie kann ich mich in einen Zustand bringen, daß ich an mich glaube und zuversichtlich die Aufgabe anpacke?« Vielleicht hast du bereits eine Lieblingsübung aus dem Buch, die dir hilft, schnell in einen guten Zustand zu kommen. Du kannst eine Menge dabei lernen, wenn du auf deine Gefühle achtest. Mit der Zeit wirst du ihre Botschaften immer besser verstehen, und dabei verändern sich natürlich die Gefühle. Das Gefühl als Botschaft zu verstehen heißt ja auch, das Gefühl anzuerkennen und etwas daraus zu lernen. Wenn ich das getan habe, verändert sich das Gefühl von selbst.

Denkmuster

Wenn wir uns immer wieder bewußt sind, daß wir durch unsere Gedankenmuster unsere Welt erschaffen, werden wir positiven Gedanken immer mehr Raum geben.

Sprachmuster

Wörter, die wir benutzen, lösen in uns verschiedene Zustände aus. Ein Wort wie »Streß« kann als solches schon unangenehme Gefühle auslösen. Man kann damit spielen, Wörter zu ersetzen und sich dabei wundern, was sich so alles verändert. Statt »im Streß« könnte man sagen: »Ich bin beschäftigt.« oder »Ich erledige zur Zeit sehr viel.« Eine Aussage wie »Das ist mühsam!« läßt unseren Energiepegel schon sinken, bevor wir überhaupt mit der Aufgabe angefangen haben.

Versuche es einmal mit Sätzen wie »Das ist eine interessante Herausforderung« oder »Das ist herausfordernd«; »Welche meiner Fähigkeiten sind hier gefragt?«

Muster im Lernstoff

Wir haben bis jetzt von Denkmustern, Gefühlsmustern und Verhaltensmustern gesprochen. Muster gibt es aber auch in der Natur und in alltäglichen Aktivitäten. Es gibt ein Muster in einem Spiel, in einem Lied, und es gibt Muster für das Schließen von Freundschaften. Wenn wir anfangen, Muster zu entdecken, können wir viele Dinge neu verstehen. Wir sehen zum Beispiel, wie diese vernetzt sind. Um irgend etwas besser zu verstehen, können wir tatsächlich ein Netzwerk zeichnerisch darstellen mit den verschiedenen Knotenpunkten.

Du kannst einen Lernstoff als Netzwerk mit den Knotenpunkten aufzeichnen. Du suchst die Schlüsselbegriffe aus dem Text heraus und ordnest sie einzelnen Knotenpunkten zu. Du kannst die Verbindungen zu anderen Knotenpunkten einzeichnen und erhältst ein Netzwerk. Du verschaffst dir damit einen Überblick über den Stoff und begreifst die Zusammenhänge. Eine zeichnerische Struktur kann das Gehirn auch leichter aufnehmen als eine Aneinanderreihung von Wörtern.

Eine besonders nützliche Form von Musterschaffen ist das Mind Map, das weiter unten beschrieben wird.

Eine hilfreiche Methode, um Muster zu erkennen, besteht darin, Fragen zu stellen. Ich kann die Fragen an mich selber stellen

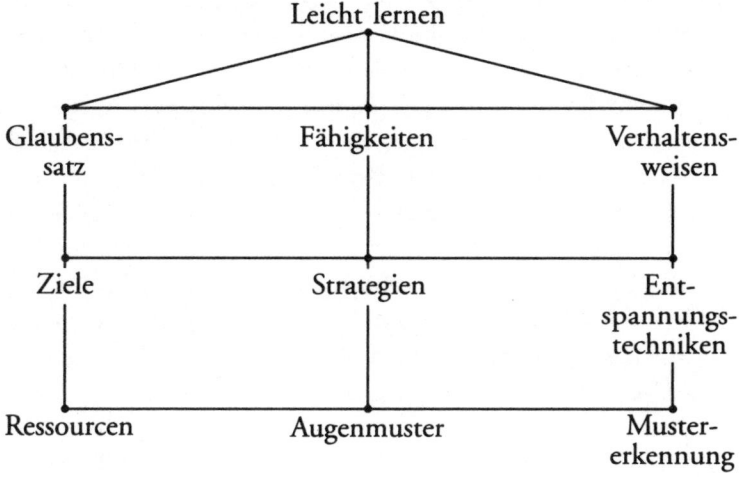

und suche die Antworten im Text und kristallisiere damit eine Struktur oder ein Muster heraus. Bei mündlichen Informationen richte ich die Fragen vielleicht an einen anderen Menschen, um mir ein Bild zu machen, was ja wiederum ein Muster beinhaltet. Wenn wir Fragen stellen, sind wir aktive Lerner und können ein zugrundeliegendes Muster erkennen oder eines schaffen.

Gehirngerechtes Lernen

Wie wir wissen, sind beide Hirnhälften für unterschiedliche Aufgaben spezialisiert. Das linke Gehirn ist zuständig für Sprache, Logik, Zeit; es organisiert gern alles in Sequenzen, die nacheinander ablaufen. Es geht dabei um Linearität und Reihenfolge, um Beweise, Fakten, Details und Ordnung. Darum wird auch der Begriff Logikhemisphäre verwendet. Alles, was aus Einzelheiten konstruiert wird, ist eine Funktion der linken Hirnhälfte: z. B. innere Bilder von einem genauen Ablauf, Buchstaben und Symbole bei der Druckschrift. Sprache ist bei den meisten Menschen in der linken Hemisphäre angesiedelt. Es geht um die Fähigkeit, Wörtern eine Bedeutung zuzuweisen, die Gedanken zu sortieren und auszusprechen. Beim Denken in Zahlen und Symbolen, also beim Rechnen sind Logikfunktionen beteiligt. Eine Bewegungssequenz, wie z. B. Schuhe binden, wird zuerst in Einzelheiten aufgelöst, um sie zu lernen. Das Planen und Umsetzen von einer Bewegungssequenz ist logikgesteuert. Erst später wird der Ablauf zu einer einzigen integrierten Bewegung und wird nun von der Gestalthemisphäre, das heißt von der rechten Hemisphäre gesteuert.

Das rechte Gehirn (Gestalthemisphäre) ist zuständig für Gefühle, Bilder, Musik. Die Verarbeitung ist simultan und global; wichtig sind räumliche Wahrnehmung, Kreativität, Visualisieren und Überzeugungen. Im visuellen Gedächtnis sind Erinnerungen, bildhafte Informationen und Wortbilder gespeichert. Das Wiedererkennen von Symbolen und Wörtern beim Lesen ist ebenfalls eine Funktion der Gestalthemisphäre. Nonverbale Sprache, Mimik und Gestik werden ebenfalls von hier aus gesteuert.

Ein Ereignis, ein Muster oder ein Bild kann von der rechten Hirnhälfte als Ganzes erfaßt werden mittels der Intuition. Es ist ein gefühlsmäßiges Erfassen, oft begleitet von einem plötzlichen tiefen, inneren Wissen.

Die beiden Gehirnhälften sind durch das Corpus Callosum, das aus Nervenbahnen besteht und ein integrierendes Funktionieren gewährleistet, verbunden.

Es gibt verschiedene Möglichkeiten, beide Hirnhälften zu aktivieren:

1. Die Technik des *Mind Map,* die weiter unten beschrieben wird.

2. Überkreuz-Bewegungen
Es gibt Aktivitäten, die uns helfen, um das ganze Hirn besser zu nutzen. Weil nämlich das linke Gehirn die rechte Körperseite steuert und das rechte Gehirn die linke Körperseite, können wir durch Arbeit mit beiden Körperhälften unser Gehirn in seiner Gesamtheit aktivieren.

Dazu folgende Übung: Stell dich hin und hebe dein rechtes Knie hoch und berühre es mit der linken Hand. Nun hebst du das linke Knie und berührst es mit der rechten Hand. Falls du es etwas sportlicher haben willst, berührst du das Knie mit dem Ellbogen. Diese Bewegung wirkt integrierend.

Die Überkreuzbewegungen lassen sich gut beim Lernen einbauen. Bewege gleichzeitig mit den Beinen und Armen auch die Augen in alle Richtungen. Mache die Übung fünfzehn bis zwanzig Mal. Das erfrischt und macht einen klaren Kopf.

Joggen ist natürlich ebenfalls eine Bewegung, die beide Gehirnhälften aktiviert, weil beide Körperhälften beteiligt sind. Sobald Joggen leistungsorientiert wird, also Zeit und Kilometer eine Rolle spielen, gewinnt die linke Gehirnhälfte die Oberhand, und das kann leicht zum Streß werden.

3. Vorstellungskraft nutzen

Wenn wir Wörter mit Bildern verknüpfen, lernen wir mit dem ganzen Hirn. An sich ist es so, daß wir immer innere Bilder vor uns haben, wenn wir etwas hören oder sehen. Da aber diesem Prozeß meist keine Aufmerksamkeit geschenkt wird, geschieht dies häufiger unbewußt. Wir haben dann vielleicht keine bewußte Vorstellung davon. Die Fähigkeit, sprachliche Informationen aufzunehmen und zu speichern, wird viel größer, wenn wir uns Bilder dazu vorstellen.

Dazu folgende Übung:

Merke dir folgende zehn Wörter, indem du dir Bilder dazu machst und diese irgendwie miteinander verknüpfst. Es kann sogar eine Geschichte daraus entstehen.

Elefant – Blumenstrauß – Luftballon – Spiegelei – Kerze – Apfel – Springseil – Hammer – Maus – Hut

Hier ist eine von unzähligen Möglichkeiten, die zehn Wörter zu verknüpfen:

Ein Elefant marschiert durchs Land, mit dem Rüssel hält er einen Blumenstrauß. Ein Luftballon ist an seinem Schwanz festgemacht und schwebt durch die Luft. Auf dem Rücken trägt er eine Decke, auf der ein großes Spiegelei gemalt ist. Eine brennende Kerze mit dünnen Armen und Beinen marschiert voraus. Der Elefant kommt zu einem Baum, an dem viele rote Äpfel hängen. Von einem Ast hängt ein Springseil herunter, an dem ein Hammer befestigt ist. Der Elefant legt den Blumenstrauß sorgfältig neben den Baum. Er packt den Hammer mit dem Rüssel und klopft damit an die kleine Tür im Stamm des Baumes. Die Türe öffnet sich, eine Maus tritt heraus. Sie hat einen Hut auf dem Kopf. Sie klettert den Rüssel entlang hinauf auf den Rücken des Elefanten. Der Elefant setzt seinen Weg fort.

Oder diese Übung:

– Lies folgende Sätze und erfinde einen inneren Film von der Szene mit allen Details:

Die weiße Tür des modernen Einfamilienhauses, das in einem ruhigen Stadtviertel steht, öffnet sich. Der neunjährige blonde Michael springt die zwei Stufen hinunter, in der linken Hand hält er einen weißen Ball mit blauen Streifen. Er klemmt den Ball auf den Gepäckträger seines schwarz-gelben Mountainbikes, zieht den grünen Pullover mit den feinen roten Streifen am Ärmel aus, stopft ihn zum Ball und fährt in seinem leuchtend gelben T-Shirt davon.

– Du trittst an die Stelle von Michael, aber alles andere bleibt gleich. Du siehst dich selbst als Hauptdarsteller im Film.

– Steige nun in den Film ein. Du erlebst die Szene, wie sie jetzt gerade ablaufen würde. Du öffnest die weiße Haustür, steigst die Stufen hinunter...

Kinder wie Erwachsene können sich Texte leichter merken, wenn sie ihre Vorstellungskraft nutzen. Sie können aus einem Text einen spannenden Film machen. Sie können in den Film einsteigen und Hauptdarsteller sein oder irgendeine Rolle spielen. Das kann man fast mit jedem Lernstoff tun, ob es nun Geographie oder Geschichte oder Naturkunde ist. Die Fähigkeit zu visualisieren wird sich immer stärker ausbilden, die Bilder tauchen schneller auf und werden klarer, und das Lernen wird so leichter fallen. Je mehr positive Lernerfahrungen der Mensch macht, desto mehr traut er sich zu, und er nimmt neue Herausforderungen gerne an. Das Selbstvertrauen wächst mit jedem Erfolgserlebnis.

4. Über alle Kanäle lernen

Zum **visuellen Kanal** wäre noch folgendes zu sagen:
- Wichtige Wörter, Lerntexte auf Zettel oder Papierbogen schreiben. Diese an den Wänden aufhängen, damit du sie oft siehst. Du nimmst die Informationen unbewußt wahr, immer wenn sie in deinem Gesichtsfeld auftauchen. Du kannst natürlich auch deine ganze bewußte Aufmerksamkeit darauf lenken. Gestalte das Papier womöglich mit Farben, Zeichnungen, Skizzen.
- Du kannst wichtige Wörter auch mit abwaschbarem Stift an den Spiegel schreiben.

Den **auditiven Kanal** (hören) können wir nutzen, wenn wir Lernstoff auf Kassetten sprechen und dann abhören. Man kann das Abhören sogar mit Aktivitäten verbinden wie Spazierengehen, Autofahren, Radfahren, entspannt liegen bis einschlafen. Du brauchst nicht einmal deine ganze Aufmerksamkeit auf die Stimme auf der Kassette zu lenken. Du kannst den Stoff auch unbewußt aufnehmen.

Für meinen Diplomabschluß als Logopädin an der Universität habe ich mit einer Kollegin ungefähr 24 Kassetten mit Lernstoff besprochen. Ich habe mir die Kassetten meistens im Liegestuhl angehört, nachdem ich Autogenes Training gemacht hatte. Meistens bin ich dabei eingeschlafen. Ich hatte aber immer das Gefühl, daß ich die Informationen aufgenommen habe, was sich beim Examen voll bestätigt hatte.

Rhythmus, Tempo, Melodie sind weitere Elemente, die man im auditiven Kanal nutzen kann. Man kann schwierige Wörter, die man sich merken muß, in verschiedenen Rhythmen sprechen, man kann sie singen. Man kann aus einem Text einen Sprechgesang machen und den Rhythmus mit einer Trommel, Rassel oder Händeklatschen verstärken.

Den **kinästhetischen Kanal** setzen wir ein, wenn wir unseren Körper beim Lernen einbeziehen.

Hier einige Tips:

Wir können verschiedene Wörter in einem Text mit Bewegungen verknüpfen, z. B. mit Händeklatschen, durch Antippen von verschiedenen Körperstellen, durch Arm-, Hand-, Fußbewegungen.

Das Bewegungsmuster verknüpft sich mit dem Wort. Oft ist es dann so, daß man die Körperbewegung macht und das Wort sofort auftaucht, das damit geankert ist. Man kann kleine Bewegungen ausführen oder große.

Mit Kindern kann es manchmal sinnvoll sein, zuerst eine größere, ausladende Bewegung zu machen, bis es mit dem Wort verknüpft ist und dann diese Bewegung zu verkleinern, damit sie auch in der Schule angewendet werden kann.

Beim Einmaleinslernen kann man auf diese Art Zahlen mit Bewegungen verknüpfen.

Du kannst herumgehen, während du den Lernstoff liest.

Du kannst im Raum verschiedene Plätze für verschiedene Informationen auswählen. Das eignet sich gut, um sich einen Ablauf einzuprägen. Du gehst von einer Stelle zur nächsten und liest die Informationen. Nach ein paar Durchläufen taucht die richtige Information am entsprechenden Platz auf. Du kannst zusätzlich auch Stichwortzettel hinlegen.

Das Trampolin eignet sich gut, um Lernstoff zu memorieren wie Einmaleins, Gedichte, Lernwörter, Vokabeln.

Hüpfende Wörter auf dem Trampolin findest du weiter unten in diesem Buch.

Augenpositionen nutzen

Lernen wird wirklich erleichtert, wenn man mit den Augen in

jene Richtung geht, in der das Gehirn am besten Zugang zu den entsprechenden Informationen hat. Du findest genauere Erklärungen im Abschnitt über die Augenmuster und die Übungen mit der Magic line card.

Lernstil herausfinden
Finde heraus – probiere es einfach aus –, ob du besonders gut durch Bilder lernst (visuell) oder ob du besonders gut Informationen über das Ohr aufnimmst (auditiv) oder durch Bewegungen (kinästhetisch). Nutze deinen bevorzugten Kanal, verknüpfe ihn aber auch nach und nach immer mehr mit den anderen Kanälen, so daß du immer mehr Wahlmöglichkeiten hast. Je mehr du alle drei Kanäle benutzt beim Lernen, desto größer wird dein Lernerfolg sein.

Einen Namen merken über alle Kanäle
Viele Menschen sagen von sich, daß sie sich Namen schlecht merken können. Hier ist eine Strategie, die dir hilft, Namen über alle Kanäle zu speichern.

Stelle dir den Namen auf der Stirn der Person geschrieben vor: deutlich geschrieben, gedruckt oder Schreibschrift, farbig. Merke dir dazu ein Detail im Gesicht der Person, das dir an ihr besonders auffällt.

Sage dir den Namen in deinem Innern dreimal vor.

Schreibe den Namen mit der Hand in die Luft oder auf dein Bein. Es kann auch eine ganz kleine Bewegung sein.

Führe alle drei Bewegungen gleichzeitig aus: Namen auf der Stirne sehen, innerlich hören und schreiben.

5. 20 Minuten Pause
Ernest Rossi beschreibt in seinem Buch *20 Minuten Pause,* daß das seelisch-körperliche System des Menschen ultradianen Rhythmen unterliegt. Der ganze Mensch steht an jedem Tag seines Lebens über zwölfmal unter dem Einfluß dieser Zyklen. Im Schlaf erleben wir durchschnittlich alle 90–120 Minuten eine

Traumperiode von 20 Minuten. Dieser Zyklus setzt sich tagsüber fort, so daß wir eine 90- bis 120minütige Aktivitätsphase und eine 20minütige Erneuerungsphase haben. Der Ablauf der Phasen kann aber beim einzelnen und in verschiedenen Situationen zeitlich variieren. Untersuchungen weisen darauf hin, daß alle unsere wichtigen seelisch-körperlichen Systeme wie das vegetative Nervensystem, das Hormonsystem und das Immunsystem über 90- bis 120minütige Ruhe-Aktivitätszyklen verfügen. Auf dem Gipfel eines ultradianen Zyklus befindet man sich in einem Zustand höchster Aktivität, der ideal geeignet ist, um zu lernen und Leistungen zu vollbringen. Die Empfindungen und Wahrnehmungen sind klar und scharf. In dieser Phase ist man konzentriert und kann besser und schneller denken, sprechen und sich bewegen.

In der ultradianen Erholungsphase verlangsamt sich der größte Teil der Sinnes- und Wahrnehmungsfunktionen. In dieser Phase ist man unproduktiv, weniger ansprechbar und hat Mühe, sich zu konzentrieren. Die Seele-Körper-Einheit wendet sich nach innen und signalisiert über Symptome wie Müdigkeit und Gähnen, daß man eine Pause braucht. Wenn man auf diese Zeichen achtet und hier eine Pause macht, kann das System diese Zeit zur Erholung nutzen. Verlangt man sich hingegen in dieser Ruhephase volle Leistung ab, gibt es Streßreaktionen. Die ultradiane Ruhepause dauert 15–20 Minuten. In dieser Zeit wäre es ideal, Pause zu machen oder sogar ein kleines Nickerchen. Zu empfehlen sind erholsame Aktivitäten wie Musik hören, lesen, ein entspanntes Gespräch führen, Meditation, einem Hobby nachgehen.

Da es nicht in jeder ultradianen Ruhepause möglich ist, die Zeit so zu nutzen, kannst du vielleicht in dieser Phase leichtere Arbeiten erledigen wie z. B. Routinearbeiten, die nicht volle Konzentration verlangen.

Zwischen ca. 15.00 Uhr und 16.00 Uhr ist offenbar einer der absoluten Tiefpunkte des Tages. Um diese Zeit sind wir im Hinblick auf unsere Energie, Wachheit und unsere sozialen Fähigkeiten auf dem Tiefstpunkt angelangt. Offenbar gibt es in dieser Zeit auch die meisten Konflikte in der Familie.

In dieser Zeitphase kommen vielleicht die Kinder von der Schule mit den Hausaufgaben nach Hause. Wegen dieser ultradianen Rhythmen kannst du sie unterstützen, in dieser Phase erst einmal Pause zu machen, etwas zu trinken und zu essen, sich dann zu bewegen, zu spielen oder irgend etwas Erholsames zu tun. Manche Kinder sind in dieser Zeit besonders anlehnungsbedürftig oder quengelig. Vielleicht haben sie das Bedürfnis zu erzählen, etwas gemeinsam zu tun wie basteln, Geschichten lauschen, oder manche möchten lieber allein im Zimmer Musik hören. Für Eltern kann es sehr beruhigend sein zu wissen, daß es solche ultradianen Rhythmen gibt, weil sie den Kindern dann ohne weiteres die Erholungsphase zugestehen können und zuversichtlich sind, daß die Kinder in der anschließenden Aktivitätsphase leichter lernen. Wenn wir unserer Körper-Seele-Einheit die ultradianen Pausen geben, die das System braucht, um sich zu erholen, werden wir in der nachfolgenden Aktivitätsphase energievoller und leistungsfähiger sein.

Manchen Menschen reicht auch eine ultradiane Mini-Pause von drei bis fünf Minuten. In dieser Mini-Pause kann man »tagträumen«, eine Entspannungsübung machen oder einfach die Augen schließen und loslassen.

6. Wasser trinken

Der menschliche Körper besteht zu zwei Dritteln (ungefähr 75 %) aus Wasser. Wasser ist ein sehr guter Leiter für elektrische Energie. Für eine optimale Funktion der chemischen und elektrischen Prozesse im Gehirn und im ganzen Körper benötigen wir ausreichend Flüssigkeit. Empfohlen wird häufig eineinhalb bis drei Liter pro Tag, abhängig von Alter, Körpergewicht, Tätigkeit und Ernährung. Gemüse und Früchte enthalten natürliche Flüssigkeit.

Psychischer Streß und Umgebungsstreß laugen den Körper aus und hinterlassen dehydrierte Zellen. Ausreichendes Wassertrinken kann das Energieniveau erhöhen und die Konzentration steigern. Besonders wichtig ist dies vor Prüfungen und anderen geistigen Herausforderungen und bei der Computerarbeit.

7. Belohnung

Sei nett zu dir selber. Belohne dich für Erfolge, die du erzielt hast. Gratuliere dir selbst für einen Erfolg, eine gute Idee und nenne es nicht einfach nur Glück.

Wenn du deine Fähigkeiten wie Ausdauer, Kreativität, Zielstrebigkeit, Einfühlungsvermögen und Aufmerksamkeit anderen schenkst, werden sie sich verstärken. Gönne dir Pausen, in denen du deiner Lieblingsbeschäftigung nachgehst. Erfülle dir einen Wunsch, wenn du ein bestimmtes Ziel erreicht hast.

Auch mit den Kindern kannst du besprechen, auf welche Art sie sich selbst belohnen können, mit etwas, das sie gerne tun. Manchmal verlangen Eltern von ihren Kindern, daß sie zuerst über Wochen oder Monate etwas beweisen müssen, bessere Leistungen in der Schule erbringen müssen, bevor sie ein Hobby anfangen dürfen wie Fußball, Judo, Reiten...

Ich finde es sinnvoller, daß Kinder in der Freizeit wirklich ein Hobby ausüben dürfen, das ihnen Spaß macht; auch wenn noch nicht alles optimal läuft, oder gerade auch dann. Meist bringt das Hobby den Kindern so viel an Selbstbestätigung, Freude und Energie, daß sie auch in der Schule besser werden.

6. Umgebung gestalten

Lernumgebung

Manche Menschen können besonders gut denken an einem ruhigen Ort, wo sie völlig ungestört sind. Sie bevorzugen das Büro, das stille Zimmer, wo sie am liebsten auf einem Stuhl sitzen und eine Schreibfläche vor sich haben.

Andere lernen besser in einem Raum, wo sich andere Menschen aufhalten. Sie fühlen sich wohl beim Lernen und können auch sehr gut denken, wenn ringsherum ein bestimmter Lärmpegel und Aktivität herrschen.

Manche lernen gerne im Bett, wo sie es gemütlich und warm haben.

Dann wieder gibt es Menschen – ich gehöre dazu –, die am liebsten alles draußen an der Sonne tun, in einem gemütlichen Sessel, ob auf Prüfungen lernen, arbeiten oder Bücher schreiben. Die Natur finden sie inspirierend und energiespendend.

Um es kurz zu sagen: Jeder Mensch hat seinen bevorzugten Lernstil. Darum ist es auch wichtig, Kindern nicht eine bestimmte Art des Lernens vorzuschreiben, sondern mit ihnen zusammen zu experimentieren, um herauszufinden, was sie beim Lernen am meisten unterstützt. Ist das eine ruhige Atmosphäre, oder werden Geräusche oder gar eine spezielle Musik vorgezogen? Gelingt das Lernen besser als Teamarbeit, oder wird Einzelarbeit bevorzugt?

Sonnenlicht wirkt für manche anregend, andere verkriechen sich lieber in ein abgedunkeltes Zimmer. Auch die Temperatur kann unterschiedlich erlebt werden. Manche bewahren beim Lernen einen kühlen Kopf in einem kühlen Zimmer, die anderen behalten ihn an der wärmenden Sonne. Das Bewegungsbedürfnis kann sich entscheidend auf das Lernen auswirken. Ein Mensch mit Bewegungsdrang sollte diesem Umstand beim Lernen unbedingt Rechnung tragen und den Körper einbeziehen.

Weitere Aspekte betreffen die individuell optimale Tageszeit, das Eß- und Trinkverhalten und die Anzahl der Pausen.

Unterstützung der Eltern

Ich finde es sinnvoll, den Kindern von der ersten Klasse an so viel Selbstbestimmung und Verantwortung wie möglich für die Hausaufgaben zu überlassen. Die Hausaufgaben sollen eine Wiederholung oder Vertiefung der Arbeit in der Schule darstellen. Wenn Eltern zu viel Verantwortung für die Hausaufgaben übernehmen, kann sich sehr schnell ein Muster einspielen, das in einen täglichen Kampf ausartet und die Beziehung vergiftet. Was Eltern tun können, ist:

- offen sein für Fragen
- Texte abhören
- loben, verstärken, hervorheben, was gut ist
- kleine Impulse geben
- Bei Stockungen den nächsten Schritt besprechen, nicht die ganze Lösung zeigen
- Nützliche Strategien anbieten z. B. Augenmuster, Vokabeln lernen, »hüpfende Wörter«
- Die Technik des Mind Map vermitteln, wie im dritten Teil dieses Buches beschrieben
- Angebote machen für Streßabbau mit der Magic line card
- Gespräche mit den Lehrern führen
- Vertrauen haben in das Kind und seine Fähigkeiten

Wenn du das Kind so unterstützen kannst, daß es positive Glaubenssätze hat und auf seine Fähigkeiten vertraut, wird es immer selbständiger werden, und sein Selbstvertrauen wird wachsen.

Darum kann es sehr sinnvoll sein, daß das Kind vor dem Erledigen der Hausaufgaben allfälligen Streß abbaut, damit es sich dann den Lernstoff leicht und eigenverantwortlich aneignen kann.

3. Teil
Leicht lernen –
Methoden und Hilfsmittel

1. Magic line card

Dieses Buch enthält eine kleine Karte, die Magic line card. Kinder nennen sie häufig auch Zauberkarte. Ich habe diese Magic line card im Januar 1998 entwickelt.

Auslöser für die Erfindung der Karte war ein Forschungsprojekt am Queens College in New York. Untersucht wurde, inwieweit unterschwellige Informationen, die vom Bewußtsein nicht wahrgenommen, aber vom Unterbewußten aufgefangen werden, sich auf intellektuelle Leistungen auswirken. Kenneth Parker ließ unterschwellige Botschaften auf ein Tachistoskop, ein spezielles Lichtgerät, blitzen. Die Jura-Studenten, die sich für die Studie zur Verfügung stellten, wurden in drei Gruppen aufgeteilt. Jede Gruppe erhielt eine andere Botschaft.

Die Studenten blickten dreimal in der Woche durch das Okular des Tachistoskops und sahen einen kurzen, hellen Lichtblitz. In diesem Licht leuchtete ein Satz auf, aber nur vier Millisekunden, also zu kurz, um wahrgenommen zu werden. Doch ihr Unbewußtes empfing die Botschaft. Bevor die Studenten ins Tachistoskop schauten, forderte Parker sie auf, sich eine Unterrichtssituation vorzustellen, die Streß erzeugte: z. B. Prüfungen, Fragen beantworten, Schreiben einer Arbeit. Dann sahen sie den Lichtblitz. Parker sagte den Studenten, sie sollten, sobald sie beim Studium Streß zu spüren begannen, an den Lichtblitz denken. Bis zur Abschlußprüfung hatte jeder Student 48mal ins Tachistoskop geschaut.

Studenten, die die Botschaft Nr. 1 erhalten hatten, schlossen alle deutlich besser ihr Studium ab als die anderen beiden Gruppen, die andere Botschaften bekommen hatten. Es wurden genaue statistische Analysen gemacht. Und die unbewußte Stärkung des Gedächtnisses hielt an. Nach vier Wochen wußten die Studenten, die die Botschaft Nr. 1 erhalten hatten, noch immer beträchtlich mehr von dem gelernten Stoff als die Kontrollgruppe.

Lloyd Silverman von der Universität New York hat ebenfalls die Auswirkungen unterschwelliger Botschaften untersucht. Er hat die oben erwähnte Botschaft Nr. 1 einer Gruppe emotional gestörter Teenager gezeigt, die ausnahmslos Leseprobleme hatten. Er wollte herausfinden, ob sie beim Lesen helfen kann. 64 Jugendliche blickten durch das Tachistoskop. Niemand wußte, was in dem Lichtblitz verborgen war. Das Ergebnis war verblüffend. Die Jugendlichen konnten tatsächlich besser lesen, ihre Noten waren signifikant besser als bei der Kontrollgruppe. In der gleichen Zeit verbesserten sich auch ihre Mathematiknoten. Die Botschaft half offenbar diesen Jungendlichen, Blockaden zu lösen.

Die Botschaft Nr. 1 wurde bei weiteren Gruppen eingesetzt, um die Wirkung auf andere Lebensbereiche zu testen. Es gab sehr positive Ergebnisse bei Diätpatienten, Rauchern und Alkoholikern. Sie hat Menschen geholfen, Phobien zu überwinden und chronische Ängste abzuschütteln.

1990, bei der Tagung der American Psychological, Association wurde eine kombinierte statistische Studie vorgestellt. 2562 Personen wurden in 72 Experimenten getestet. Es wurde festgehalten, daß die Botschaft Nr. 1 zweifellos eine Wirkung hat.

Interessanterweise wird die Wirkung geschmälert, wenn der Satz bewußt wahrgenommen wird. Unbewußt schafft er offenbar ein Gefühl der Verbundenheit und eine Aktivierung des unbewußten Gedächtnisses. Er baut Streß ab, integriert die Hirnhälften und optimiert das Lernen.

Da diese Botschaft Nr. 1 eine größere Wirkung hat, wenn sie unbewußt aufgenommen wird, habe ich mich entschlossen, die Botschaft in diesem Buch nicht auszuformulieren.

Ich habe mir überlegt, wie diese Botschaft Nr. 1 Kindern zugänglich gemacht werden könnte, so daß sie sie immer zur Verfügung haben, wenn sie möchten. Eines Tages beim Joggen tauchte die Idee auf und verdichtete sich: eine Zauberkarte gestalten mit der versteckten Botschaft. Als äußere Form wählte ich eine waagerechte Linie. In der Neuen Homöopathie nach Körbler, auf die später noch eingegangen wird, bedeutet diese waagerechte Linie Harmonie, Ausgleich, Gleichgewicht. Als Farbe habe ich Orange gewählt. Orange befreit von Begrenzungen und hilft, neue Ideen aufzunehmen und zu integrieren. »Orange ist schöpferisch, möchte sich gestalten und nach außen mitteilen.«[7] Gleichzeitig stärkt diese Farbe die Kraft, innere Welten zu erkennen und sich verbunden zu fühlen.

Die ersten Karten habe ich auf dem Computer hergestellt. Nun werden sie in der Druckerei in einem Zweilagendruck gemacht: Über die Botschaft Nr. 1 wird die orange Farbe hinzugefügt. Ich habe sie in der Therapie bei Kindern und Erwachsenen eingesetzt und ihre Wirkung über den Muskeltest, den man in der Kinesiologie anwendet, überprüft.

Ich habe festgestellt, daß die Magic line card sehr schnell die rechte und die linke Gehirnhälfte integriert. Man kann mit ihr Streß abbauen, einschränkende Muster verändern und Zugang zu seinen Ressourcen gewinnen. Andere Therapeuten haben die Magic line card getestet und gleiche Erfahrungen gemacht.

Ich habe dann angefangen, die Magic line card den Kindern mitzugeben, damit sie sie jederzeit zur Verfügung haben. Manche Kinder haben sie daheim als Unterstützung beim Hausaufgabenmachen eingesetzt. Andere haben sie in die Schule mitgenommen, auf das Pult gelegt, um die Konzentration zu erhöhen. Viele haben sie gezielt in dem Fach eingesetzt, wo sie Probleme hatten. Bei vielen Kindern wandert die Karte sogar immer zwischen Schule und Elternhaus hin und her.

Unterdessen gibt es Lehrer, die die Magic line card auch im Unterricht einsetzen und den Kindern zur Verfügung stellen. Eine Lehrerin hat mir erzählt, daß die Kinder in der Klasse die Magic line card sehr rege benutzen. Sie findet, daß sie konzentrierter und ausdauernder arbeiten. Ein Mädchen hat mir erzählt, daß es mit Hilfe der Magic line card überhaupt zum erstenmal eine gute Note im Rechnen hatte. Seither verwendet es sie regelmäßig.

Ich habe verschiedene Magic line-Übungen entwickelt, um einschränkende Muster zu lösen. Es können Gefühls-, Verhaltens- oder Glaubensmuster sein. Ich setze die Magic line card täglich in meiner Praxis bei den Klienten ein, um einschränkende Muster zu lösen und die Hemisphären zu integrieren. Ich bin selber immer wieder überrascht über die positiven Rückmeldungen von Kindern und Erwachsenen, die die Magic line card regelmäßig verwenden.

❖ *Einfache Anwendungsmöglichkeiten der Magic line card*

Im folgenden beschreibe ich ein paar einfache Anwendungsmöglichkeiten, wie die Kinder die Magic line card allein benutzen können:

1. Das Kind nimmt die Magic line card ein bis zwei Minuten lang in die Hand und schaut sie an, während es an den neuen Lernstoff denkt. Erst jetzt beginnt es den Lernstoff zu erarbeiten, weil jetzt beide Hirnhälften integriert sind.

2. Das Kind legt die Magic line card während der Erledigung der Hausaufgaben neben sich auf den Arbeitsplatz. Solange sie in seinem Blickfeld ist, kann es die unbewußte Botschaft aufnehmen. Man kann sie auch auf den Platz stellen oder dort aufhängen, wo der Blick beim Nachdenken häufig hinfällt. Sie klärt die Gedanken und erweitert den Denkrahmen.

   Manche Kinder nehmen die Karte gern mit in die Schule, um gerade bei Prüfungen einen klaren Kopf zu haben.

   Ich erinnere mich an einen Sechstkläßler, der den starken Wunsch hatte, die Magic line card in der Schule zu benutzen. Da er etwas unsicher war, wie die anderen Schüler reagieren würden, empfahl ich ihm, sich in der Schule bei Bedarf die Magic line card einfach vorzustellen, sich an den gelben Strich zu erinnern. Das hat sehr gut funktioniert. Er konnte jederzeit mental die Wirkung der Magic line card auslösen.

3. Bei Leseanfängern oder Kindern mit Leseproblemen leistet die Magic line card gute Dienste als Lesezeichen. Das Kind schiebt sie der Lesezeile entlang. Es nimmt die Buchstaben und Wörter zusammen mit der Information der Magic line card auf. Die Hirnhälften sind besser koordiniert, und die Informationen werden besser verarbeitet. Das Lesetempo kann sich steigern.

Eine sehr gute Wirkung hatte die Magic line card auch bei einem Mädchen, das beim Lesen massiv stotterte. Besonders schlimm war der Beginn. Wir entwickelten ein Unterbrechungmuster: kurz auf die Magic line card schauen – die Spannung ausatmen – lesen und dabei die Magic line card der Lesezeile entlang schieben.

4. Beim Rechnen können die Kinder die Magic line card ähnlich wie beim Lesen als eine Art Lesezeichen benutzen.

5. Beim Vokabellernen leistet die Magic line card ebenso beste Dienste. Wie bereits beschrieben, ist es sehr hilfreich, die Wörter in Augenhöhe zu halten, besser noch links oben. Für Rechtshänder ist dies, was die Gehirnareale angeht, der beste Ort, um sich Wortbilder einzuprägen. Die Vokabeln können dann mit der Magic line card abgedeckt werden. Während des Abdeckens kann man sie sich vorstellen, wie sie geschrieben werden. Zur Kontrolle verschiebt man die Magic line card nach unten, so daß das Wort wieder sichtbar wird. Vokabeln lassen sich auf diese Art viel leichter und schneller lernen. Es ist klar, daß dafür ein bequemer Sitzplatz, bei dem man sich zurücklehnen kann, gut geeignet ist. Auch im Liegen funktioniert das hervorragend.

Ich empfehle den Kindern, sich jede Art von Lernstoff auf diese Art anzueignen. Wortbilder, Schaubilder und Skizzen kann man sich leichter einprägen, wenn man den dafür günstigsten Ort in unserem Gehirn nutzt und dazu mit der Magic line card die Gehirnhälften integriert.

❖ *Das Gesichtsfeld reinigen –*
neurologische Verankerungen lösen

Du erinnerst dich an die Ausführungen über die Augenmuster. In den verschiedenen Augenpositionen kann Streß gespeichert sein, verknüpft mit früheren Erfahrungen. Ein Kind, das Mühe hat zu lernen, hat vielleicht Probleme im visuellen Kanal. Bei Rechtshändern kann das bedeuten, daß die Augenposition links oben für visuell erinnerte Bilder nicht optimal genutzt wird. Jedesmal, wenn das Kind die Augenposition einnimmt, wird Streß ausgelöst. Das kann dazu führen, daß das Kind diese Augenposition vermeidet.

Bei Kindern mit Schulproblemen ist die Augenposition in der Mitte unten oft verknüpft mit Streß. Wenn das Kind häufig Mißerfolge hat, während es in diese Richtung schaut, können sich negative Gefühle mit dieser Augenposition verankern. Es bildet sich ein Streßmuster.

Du kannst dem Kind helfen, die Augenpositionen zu entstressen, indem du die Magic line card einen Moment in jeder Position im Gesichtsfeld des Kindes hältst. Du kannst z. B. oben links beginnen, läßt das Kind hier auf die Magic line card schauen, bewegst die Karte nach Mitte links und hältst hier einen Moment still. Du führst die Karte weiter: unten links, Mitte unten, rechts unten, Mitte rechts, oben rechts.

Man kann diese Übung ausführen, ohne an ein bestimmtes Thema zu denken. Damit werden die Augenpositionen gestärkt, und eine optimale Informationsverarbeitung ist gewährleistet. Es wäre sinnvoll, das eine Zeitlang regelmäßig zu tun, um auch möglichen tiefliegenden Streß zu lösen und die Augenpositionen optimal nutzen zu können.

Manchmal ist es sinnvoll, obige Übung zu einem bestimmten Thema oder einer bestimmten Situation zu machen. Das Kind denkt in diesem Fall z. B. an das Thema Rechnen, während es die Magic line card in allen Augenpositionen einen Moment anschaut. Es ist empfehlenswert, die Übung einige Tage durchzuführen oder mit nachfolgenden Übungen abzuwechseln.

Varianten

Statt in allen Augenpositionen innezuhalten, kannst du auch eine fließende kreisförmige Bewegung auszuführen, die durch alle Augenpositionen führt.

Du kannst auch sternförmig arbeiten, indem du von einem

Punkt auf Nasenhöhe ausgehst und die Augen mit der Magic line card nach links oben führst. Geh wieder zum Ausgangspunkt zurück und wiederhole die gleiche Bewegung noch einmal. Nun gehst du zweimal nach Mitte links und baust den achtstrahligen Stern auf diese Art weiter aus. Die letzte Bewegung geht senkrecht nach oben. Die Übung erleichtert den schnellen Zugang zu den verschiedenen Augenpositionen und fördert dadurch Flexibilität im Denken.

Als weitere Variante bietet sich die liegende Acht an, wobei der Mittelpunkt der Acht ungefähr auf der Höhe der Nasenspitze liegt. Von dort führst du die Magic line card zuerst im Bogen nach links oben – links unten – am Mittelpunkt vorbei – nach rechts oben – rechts unten und wieder zum Mittelpunkt. Die liegende Acht wirkt integrierend.

❖ *Das balkengleiche Kreuz*

Eine einfache, aber wirksame Übung, um Streß abzubauen, ist folgende: Du sagst dem Kind, daß es an das Streßthema denken soll, während es mit den Augen der Magic line card folgt. Du bewegst die Magic line card im Gesichtsfeld des Kindes zuerst ungefähr zwanzigmal von rechts nach links, wobei hin und her als **eine** Bewegung gilt. Dann führst du die Magic line card circa zwanzigmal von oben nach unten. Das Kind folgt lediglich mit den Augen; der Kopf bleibt ruhig. Die Augenbewegungen gehen durch die drei verschiedenen Kanäle oben (sehen), Mitte (hören), unten (Gefühle).

Nach der Neuen Homöopathie nach Erich Körbler®, die weiter unten beschrieben wird, stoppt das balkengleiche Kreuz + Energie. In diesem Fall stoppt es die Gedankenenergie, die mit dem Thema verknüpft ist. Sobald die streßerzeugende Energie nicht mehr fließt, tritt ein Gefühl von Distanz und Ruhe ein. Aus diesem Gefühl heraus ist dann wieder klares Denken möglich, und es wird leicht, Lösungen zu finden.

❖ *Das Energiefeld weiten*

Diese Übung eignet sich gut, um Angst abzubauen. Unseren Körper umgibt ein elektromagnetisches Feld, das auch als Aura bezeichnet wird. Mit der Kirlianfotografie kann man dieses Energiefeld sogar sichtbar machen. Bei bestimmten Zuständen wie Spannung oder Angst zieht sich dieses Feld zusammen.

Ich habe eine einfache Übung entwickelt, um das zusammengezogene Energiefeld auszuweiten. Zuerst lasse ich das Kind an eine ressourcevolle Situation denken. Das kann eine Lieblingstätigkeit des Kindes sein oder eine einmalige Situation, wo es Mut und Selbstvertrauen hatte. Ich halte die Magic line card auf Brusthöhe des Kindes, eine Armlänge entfernt. Das Kind schaut die Karte in dieser Position an und denkt dabei an diese positive Situation.

Nun frage ich das Kind, in welcher Entfernung vom Körper auf dieser Linie das angsteinflößende Ereignis ist. Das negative Ereignis ist praktisch immer näher beim Körper. Das Feld verdichtet sich unter Angst und zieht sich zusammen. Sobald das Kind den Punkt bestimmt hat, bewege ich die Magic line card von dieser Stelle zum positiven Punkt, eine Armlänge entfernt. Ich fordere das Kind auf, an das Angstthema zu denken. Ich bewege die Magic line card zwischen diesen zwei Punkten circa zehn- bis zwanzigmal hin und her.

Ich begleite die Bewegungen mit Wörtern wie Selbstvertrauen, Leichtigkeit und Zuversicht. Ich verknüpfe damit die positive Erfahrung, in der das Kind Mut und Selbstvertrauen hatte, mit der anderen Situation, so daß sich die Angst auflösen kann und positiven Gefühlen Platz macht.

Ich frage das Kind, wie es sich nun fühlt, wenn es an das Thema denkt. Falls es noch nicht ganz befriedigt ist, kann ich die Übung wiederholen oder noch eine andere Übung aus diesem Kapitel anschließen.

Nach meiner Erfahrung hat das Zusammenziehen des Energiefeldes auch mit der Größe des Blickfeldes zu tun. Bei zusammengezogenem Feld, also bei Anspannungen entsteht ein Tunnelblick. Teile des Gesichtsfeldes sind wie ausgeklammert.

In einem Zustand von Selbstvertrauen, Wohlgefühl und Wachheit weitet sich das Energiefeld, und man hat einen offenen, weiten Blick.

❖ *Muster lösen*

Wie schon in den bisherigen Übungen angesprochen, kann man über Augenbewegungen sehr gut negative Muster auflösen. Augenbewegungen öffnen den Zugang zum Nervensystem und zum Gehirn und ermöglichen die Verarbeitung von Erfahrungen. Diese Übung eignet sich für alles, was Streß erzeugt, Angst oder andere unangenehme Gefühle bewirkt.

Es ist eine hervorragende Übung, um Kindern zu helfen, einschränkende Denkmuster oder Gefühlsmuster zu lösen und somit wieder mehr Handlungsmöglichkeiten zu bekommen.

1. Laß das Kind an ein Thema denken, das belastend ist. Das können Hausaufgaben sein, eine Prüfung, eine schwierige Situation mit dem Lehrer, ein Streit mit einem anderen Kind usw. Es kann eine frühere oder erwartete Situation sein. Das Kind macht sich ein Bild oder einen Film von der Situation oder denkt einfach daran.

2. Du fragst das Kind, welcher Satz zu diesem Bild/Film auftaucht. Das Kind formuliert vielleicht Sätze wie: »Der Lehrer mag mich nicht.«; »Klaus ist blöd.«; »Ich habe keine Lust, Hausaufgaben zu machen.«; »Ich bin zu dumm für das.«; »Ich verstehe das nicht.«; »Ich kann das nicht.«

3. Du fragst das Kind, wo im Körper das unangenehme Gefühl am meisten zu spüren ist. Vielleicht ist es im Bauch, im Hals oder im ganzen Körper. Es kann auch sein, daß das Kind sagt: »Ich spüre nichts.«

4. Du läßt das Kind auf einer Skala von null bis zehn den Grad der Belastung bestimmen. Zehn wäre am schlimmsten, null

ist neutral. Das Kind denkt an das Bild, den Satz und das Gefühl im Körper und gibt eine Zahl an. Man kann auch auf einem Blatt zwei Gesichter zeichnen: ein lachendes und ein weinendes. Das Kind kennzeichnet, wo es jetzt gerade ist: beim weinenden Gesicht oder irgendwo zwischen den Gesichtern.

5. Du nimmst nun die Magic line card und bewegst sie im Gesichtsfeld des Kindes etwa auf Augenhöhe hin und her. Das Kind folgt nur mit den Augen, der Kopf bleibt ruhig. Es denkt, während sich die Augen bewegen, an das Bild, den Satz und das Gefühl. Du bewegst die Karte ca. zwanzigmal hin und her, wobei hin/her als eine Bewegung zählt. Eine Serie von Augenbewegungen umfaßt also 20–24 Bewegungen.

6. Nach einer Serie Augenbewegungen hältst du an und fragst das Kind, was sich verändert hat. Das kann sehr unterschiedlich sein. Manchmal verändert sich das Bild, oder es taucht ein anderer Satz auf. Wenn z. B. vorher der Satz war: »Der Lehrer mag mich nicht«, könnte es sein, daß das Kind nun sagt: »Ich fühle mich nicht wohl in der Schule« oder »Ich kann mich nicht konzentrieren« oder »Manchmal ist er auch nett zu mir.« Oft verändert sich nach einer Serie Augenbewegungen das Gefühl. Alles wird leichter. Es kann auch sein, daß neue, vage Bilder auftauchen, vielleicht eine Situation, die mit diesem Thema verknüpft ist. Da das Gehirn Ereignisse assoziativ speichert, d. h. nach Ähnlichkeiten sortiert, kann eine frühere Erfahrung mit gleichen oder ähnlichen Gefühlen auftauchen. In diesem Fall lasse ich das Kind an das neu Aufgetauchte denken und mache damit eine Serie horizontaler Augenbewegungen (zwanzigmal hin und her, wobei hin und her als **eine** Bewegung zählt).

7. Du fragst das Kind nach der Zahl auf der Skala, also den Grad der Belastung. Meistens sinkt die Belastung schon nach einer Serie Augenbewegungen, was sich in einer niedrigen Zahl ausdrückt. Das Ziel ist, 0 oder 1 zu erreichen, was gleichbedeutend ist mit einem ruhigen, neutralen Zustand.

8. Solange die Zahl noch über eins ist, machst du weitere Serien von Augenbewegungen. Bei jeder neuen Serie denkt das Kind an das Thema, so wie es sich im Augenblick anfühlt. Da sich bei jeder Serie Bilder, Sätze, Gefühle verändern können, beginnt man die neue Serie immer mit all dem, was bis jetzt aufgetaucht ist an Bildern, Sätzen und Gefühlen. So tritt eine allmähliche Veränderung ein. Es kann zwar auch vorkommen, daß ein Kind nur eine Serie Augenbewegungen braucht, und schon ist das Problem gelöst. Meist benötigt man aber mehrere Serien. Für die weiteren Serien von Augenbewegungen kannst du auch die Richtung wechseln oder andere Varianten einführen:

– horizontal über der Sehachse. (Das betrifft vor allem die Bildebene.)
– horizontal unter der Sehachse. (Das betrifft vor allem die Gefühlsebene.)
– senkrecht: Das Kind folgt auch hier nur mit den Augen. Der Kopf bleibt ruhig. Die Magic line card behältst du wie bei den vorhergehenden Übungen in der Hand mit dem waagerechten Strich. Die senkrechte Bewegung führt durch alle Kanäle: sehen (oben), hören (Mitte), fühlen (unten).
– diagonal: vom Kind aus gesehen von links oben nach rechts unten. Das betrifft vor allem visuelle Erinnerungen (links oben) und Gefühle (rechts unten).
– diagonal: vom Kind aus gesehen von rechts oben nach links unten. Rechts oben ist der Bereich der Bilder, der Vorstellungskraft, der Zukunftsgestaltung. Links unten ist die innere Stimme, die Kommentare abgibt. Wenn das Thema mit einer zukünftigen Situation zu tun hat, ist es sehr hilfreich, Augenbewegungen in dieser diagonalen Form auszuführen, um über die Vorstellungskraft neue Bilder zu schaffen und die innere Stimme so zu aktivieren, daß sie einen bei dem Vorhaben unterstützt.

Du machst so viele Serien von Augenbewegungen, bis die Skala auf null oder eins ist oder das Kind sich wohlfühlt.

Variationen

- Du kannst das Kind auch eine Zeichnung des Themas machen lassen. Du hältst die Magic line card auf die Zeichnung und machst die Augenbewegungen mit der Zeichnung und der Magic line card. Für manche Kinder ist das leichter. Sie müssen dann nicht an das Thema denken, sondern schauen einfach die Zeichnung an. Nach jeder Serie kann das Kind eine neue Zeichnung machen oder Veränderungen anbringen. Gerade bei kleinen Kindern kann das sehr hilfreich sein.

- Bei kleineren Kindern kannst du auch einen Gegenstand zu Hilfe nehmen. Du kannst das Kind einen Gegenstand wählen lassen, den es mag. Das kann z. B. das Lieblingsplüschtier sein. Du machst nun die Augenbewegungen mit dem Tier, der Magic line card, eventuell auch mit der Zeichnung. Das Plüschtier ist der Helfer. Da mit dem Plüschtier viele positive Erfahrungen verknüpft sind, werden diese automatisch aktiviert und in die Situation eingebracht.

- Als Abschluß kannst du den Blitzstrahlweg machen, der später beschrieben wird. Hier geht es darum, ein Ziel, einen Wunsch oder eine Überzeugung, einen Glaubenssatz über Augenbewegungen zu integrieren. Damit kannst du noch einiges mehr bewirken. An die Stelle eines einschränkenden Satzes wie z. B. »Ich kann das nicht« wird ein neuer stärkender Glaubenssatz installiert wie z. B. »Ich kann das lernen.«

2. Der Blitzstrahlweg

Den Blitzstrahlweg habe ich aus dem Sternmädchenkreis, einer alten schamanischen Lehre des Wissens, abgeleitet. Auf Kreisen oder sogenannten Rädern werden mit Hilfe der Himmelsrichtungen verschiedene Perspektiven der Realität und der Psyche dargestellt. Auf dem Sternmädchenkreis wird ersichtlich, welchen Weg der Mensch im Leben wählt. Den Weg des Fuchses nimmt z. B. ein Mensch, der sich genau an vorgegebene Regeln hält und sich in Systeme einfügt, ohne zu hinterfragen. Er fühlt sich machtlos und vom Schicksal abhängig. Das Ziel im Sternmädchenkreis ist, den Blitzstrahlweg einzuschlagen. Der Name Blitzstrahlweg hat sich aus der Bewegungsform innerhalb des Kreises abgeleitet (ϟ). Wenn ein Mensch diesen Weg wählt, entscheidet er sich klar für ein Ziel, nutzt seine Vorstellungskraft und setzt Visionen in die Tat um. Er übernimmt Verantwortung und gestaltet sein Leben. Der Blitzstrahlweg kann also helfen, das individuelle Potential voll zu entfalten und nicht mehr das Opfer äußerer Umstände zu sein. Wie und ob wir unser Potential leben, hat vor allem mit unserem Glaubenssystem zu tun. Einschränkende Glaubenssätze von der Art »Ich kann das nicht«; »Ich bin zu dumm« werden uns im Leben, wie gesagt, viel weniger realisieren lassen. Stärkende Glaubenssätze wie etwa »Ich bin fähig, das zu lernen«; »Ich vertraue mir und meinen Fähigkeiten« hingegen unterstützen uns bei unseren Vorhaben, geben uns Energie und lassen uns unsere Ziele leicht erreichen. Allerdings ist es oft nicht ausreichend, wenn ich mir einen solchen Glaubenssatz oder Zielsatz vorsage. Unser Unbewußtes spricht vor allem auf Bilder an. Darum nutzen wir unsere Vorstellungskraft, um Bilder zu kreieren und uns die Zukunft so vorzustellen, wie wir sie gerne erleben möchten.

Ich habe den Ablauf des Blitzstrahlweges mit den Augenpositionen kombiniert im Wissen, daß bei bestimmten Augenpositionen das Gehirn besonders guten Zugang hat zu visuellen (sehen), auditiven (hören) und kinästhetischen (fühlen) Informationen.

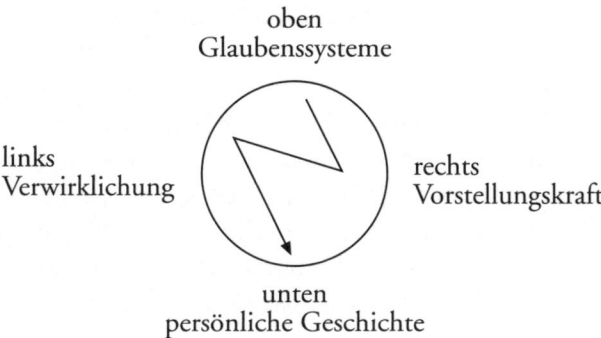

oben
Glaubenssysteme

links
Verwirklichung

rechts
Vorstellungskraft

unten
persönliche Geschichte

Der Blitzstrahlweg im Gesichtsfeld, von der Person aus gesehen, die die Übung durchführt.

Glaubenssysteme: Blicke nach oben, während der Kopf gerade ausgerichtet ist.

Hier ist der Ort, wo du einen neuen Glaubenssatz entstehen lassen kannst. Wenn du dich entschließt, in Zukunft von dir zu glauben, daß du neue Dinge leicht lernen kannst, formulierst du einen positiven Satz wie: »Ich lerne neue Dinge mit Leichtigkeit.« Weitere Anregungen über Zielformulierungen kannst du aus dem 2. Teil, Kap. 2 entnehmen.

Vorstellungskraft: Augenposition rechts (von der Person aus, die die Augenbewegungen macht), leicht erhöht über der Sehachse.

Das ist der Platz der Vorstellungskraft, der Fantasie, des Potentials, der Vision. Du visualisierst hier, wie du den neuen Glaubenssatz umsetzen wirst. Du kannst einen Film erfinden, in dem du die Hauptrolle spielst. Du siehst dich selbst in diesem Film, während du deine neuen Fähigkeiten in einer bestimmten Situation in der Zukunft erprobst. Vielleicht spielen darin andere Menschen eine Rolle. Du brauchst also hier deine mentale Kraft, um Bilder zu erschaffen, wie du die Realität erleben möchtest.

Verwirklichung: Augenposition links (leicht erhöht über der Sehachse)

Wie bereits bei den Augenmustern beschrieben, schafft bei den meisten Rechtshändern das Gehirn durch Augenbewegungen nach links Zugang zu vergangenen Ereignissen. Wenn du nun das entstandene Bild oder den Film von der rechten Seite zur linken hinüberschiebst, hast du plötzlich den Eindruck, als ob du die Situation schon real erlebt hättest. Du hast vielleicht den Eindruck, daß sie bereits Realität ist und daß du darauf zurückschauen kannst.

Persönliche Geschichte: Augenposition Mitte unten

Hier ist die eigene Geschichte, die Emotionen, alles, was dem Menschen das Gefühl gibt, es gehöre zu ihm, es mache ihn aus. Die persönliche Geschichte des Menschen fängt bei der Geburt beziehungsweise Zeugung an. Ob die Lebensgeschichte dann eine Kette von Dramen ist oder günstig verläuft, hat vor allem damit zu tun, welche Bedeutung wir den Ereignissen geben. Nichts hat eine Bedeutung, außer der Bedeutung, die wir ihm geben. Und das wieder hat mit unseren Glaubenssätzen/Überzeugungen zu tun. Ob ein Mensch eine Krankheit als Schicksal erlebt oder als Zufall oder als Signal, daß irgend etwas in seinem Denken und in seinem Körper aus dem Gleichgewicht geraten ist, beeinflußt seine Selbstheilungskräfte. Er entscheidet damit, ob er die Krankheit als Drama erlebt oder als Chance. Die persönliche Geschichte können wir also umschreiben, indem wir Glaubenssätze verändern und so unserem Leben eine neue Richtung geben.

Der Blitzstrahlweg mit der Magic line card

Es wirkt sehr unterstützend, wenn wir bei der Blitzstrahlweg-Übung die Magic line card einsetzen. Beide Gehirnhälften arbeiten gut zusammen und verarbeiten die Informationen optimal. Der neue Glaubenssatz wird viel schneller integriert. Geh dabei folgendermaßen vor:

1. Formuliere mit dem Kind zusammen einen neuen Glaubens-

satz. Das kann auch ein Ziel sein, z. B. »Ich kann lesen lernen«; oder »Ich bin fähig, X zu lernen«; »Ich mache X konzentriert und schnell«; »Ich bin bei Prüfungen ruhig und kann klar denken.«

2. Halte die Magic line card so in das Gesichtsfeld des Kindes, daß es senkrecht nach oben schaut. Der Kopf bleibt gerade. Es sagt laut den neuen Glaubenssatz.

3. Bewege die Magic line card auf die rechte Seite vom Kind aus gesehen, so daß es leicht nach rechts oben schaut. Hier stellt es sich vor, wie es den Glaubenssatz umsetzt. Es sieht sich selbst in einem Bild oder Film, wie es etwas auf neue Art tut. Hier ist der Platz der Fantasie, der Vorstellungskraft.

4. Du bewegst die Karte auf der gleichen Höhe nach links hinüber vom Kind aus gesehen. Es schaut nun auf die Szene zurück, als ob sie bereits geschehen wäre. Sie scheint als Wirklichkeit, Realität.

5. Du schiebst die Karte nach unten in der Mitte. Das Kind folgt wieder nur mit den Augen. Wir sind in der persönlichen Geschichte, in den Emotionen. Die eben gemachte Erfahrung gehört nun dazu, ist Teil davon. Indem das Kind diese Erfahrung hier einbringt, schreibt es seine persönliche Geschichte um. Emotionen können in Balance kommen.

6. Du wiederholst den Blitzstrahlweg zwei- bis dreimal langsam mit der Magic line card. Glaubenssatz (laut sagen, Augenposition Mitte oben) – Vorstellungskraft (Augenposition rechts vom Kind aus) – Wirklichkeit (Augenposition links) – Persönliche Geschichte (Augen Mitte unten).

7. Geh mit der Magic line card zwei- bis dreimal schnell durch den Blitzstrahlweg, so daß das Neue auf der unbewußten Ebene automatisiert wird. Das Kind denkt an den Glaubenssatz.

Vertiefung

Als Unterstützung wird der Glaubenssatz während einiger Tage mit der Blitzstrahlweg-Übung gefestigt. Dazu kann man wieder die Magic line card einsetzen.

Hinweis

Ich möchte Erwachsenen empfehlen, den Blitzstrahlweg für sich auszuprobieren, bevor sie ihn mit den Kindern ausführen. Es ist eine äußerst wirksame Übung, um neue Glaubenssätze in die persönliche Geschichte zu integrieren. Auch wir Erwachsenen haben zahlreiche Überzeugungen/Glaubenssätze, die uns einschränken. Wähle einen positiven Glaubenssatz und verankere ihn während einiger Tage mit der Blitzstrahlweg-Übung. Du kannst das mit der Magic line card tun oder indem du nur deine Augen bewegst: nach oben – rechts – links – unten – und an den Glaubensatz denkst oder ihn sagst.

Beispiele zur Arbeit mit dem Blitzstrahlweg

Ich habe mit einem Studenten gearbeitet wegen Prüfungsangst. Dabei haben wir unter anderem auch mit dem Blitzstrahlweg Glaubenssätze verändert. Als er das nächste Mal kam, berichtete er mir, er habe mit dieser Methode in der Freizeit beim Schießen experimentiert. Vor jedem Schuß habe er die Augen über den Blitzstrahlweg bewegt mit der Überzeugung: »Ich mache einen Volltreffer!« Er war völlig perplex, wie positiv sich das ausgewirkt hat. Er hat ein ausgezeichnetes Resultat erzielt.

Eine junge Frau, die bei längeren Fußmärschen immer Blasen an den Füßen bekam, machte den Blitzstrahlweg bei Beginn und im Verlauf einer intensiven Trainingswoche. Sie stellte sich vor, daß ihre Füße die ganze Woche lang gesund und heil und energievoll seien. Obwohl es innerhalb der Ausbildung, die sie absolvierte, die härteste Woche war, bekam sie lediglich am letzten Tag eine kleine Blase.

Bei Kindern kann es sehr sinnvoll sein, vor Beginn der Hausaufgaben die Augen über den Blitzstrahlweg gleiten zu lassen, damit das Gehirn in einen optimalen Zustand versetzt wird. »Ich lerne X leicht und schnell.« »Ich bin an der Prüfung ruhig.« »Ich präge mir den Stoff leicht und schnell ein.« »Ich bin fähig zu lernen.«

Wenn Menschen erfahren, wie sie über Glaubenssätze und die Vorstellungskraft ihre Wirklichkeit verändern können, werden sie dieses Wissen immer öfter anwenden. Starke Glaubenssätze steigern die Lebensenergie, die Lebensqualität und führen zu einem erfolgreichen Leben.

3. Muster verändern über geometrische Formen

Neue Homöopathie nach Erich Körbler®

Die Neue Homöopathie nach Erich Körbler® bietet viele wertvolle Möglichkeiten an, um aus dem Gleichgewicht geratene Biosysteme zu behandeln. Menschen, Tiere und Pflanzen sind sogenannte Biosysteme. Man bezeichnet sie physikalisch gesehen als offene Systeme, die mit ihrer Umgebung in elektromagnetischer Wechselwirkung stehen. Das Körper-Geist-Seele-System des Menschen steht über elektromagnetische Wellen in ständigem Austausch mit seiner Umwelt. Der Gesundheitszustand des Menschen ist also davon abhängig, ob die ankommenden und abgehenden Wellen für den Organismus verträglich sind oder nicht.

Die Neue Homöopathie könnte man auch als Informations- oder Schwingungstherapie bezeichnen. Sie beruht auf den Erkenntnissen der Neuen Physik (Chaostheorie) und den Forschungen im Bereich der neuen Biologie. Es ist ein holistischer, ganzheitlicher Ansatz.

Erich Körbler entwickelte Strichkombinationen (»Vektoren«) und die Grundformen der Neuen Homöopathie: Ypsilonform, Sinus und das balkengleiche Kreuz. Er konnte auf der Basis der Neuen Physik die Wirkungsweise der geometrischen Formen nachweisen und gleichzeitig ein Erklärungsmodell liefern für Heilverfahren, die mit der Informations- oder Energieebene des Menschen arbeiten. Die geometrischen Formen wirken wie Antennen und beeinflussen die in den Bioorganismus eindringenden elektromagnetischen Wellen. Damit verändern sie bestehende Informationen. Sie wirken also wie elektronische Schaltelemente.

Menschen aus früheren Kulturen haben überall auf der Welt geometrische Formen und Farben zur Kräftigung und Gesunderhaltung benutzt. Bei den Huicholes, einem Indianerstamm aus Mexiko, werden balkengleiche Kreuze auf den Körper gemalt, an den Wänden, rund ums Haus und an den Bäumen angebracht, um negative Einflüsse zu stoppen und sich zu schützen.

Indianische und afrikanische Krieger wurden zur Stärkung und Kräftigung bemalt. Je nachdem, wo und welche Formen angebracht werden, haben sie eine andere Wirkung. Fünf waagerechte Striche auf der Stirn wirken gegen Kopfschmerzen. Diese Wirkung kann noch verstärkt werden durch das Anbringen von je fünf waagerechten Strichen auf den Wangen.

Im nachfolgenden werden die drei Grundfomen der Neuen Homöopathie und einige Einsatzmöglichkeiten vorgestellt.

Die Ypsilon-Form

Die geometrische Form Ypsilon ist eine Wandlungsform. Das Y wandelt unverträgliche, negative in verträgliche, positive Energieflüsse. Die positiven Anteile des Energieflusses werden sogar verstärkt, das Y hat eine energieaufbauende Funktion.

Y findet man in lebenden Systemen. Die Antikörper im Immunsystem des menschlichen Körpers treten in Y-Form auf. Bäume, die auf einem ungünstigen Platz stehen, also negativen Energieeinflüssen ausgesetzt sind, die ihr Wachstum behindern, teilen den Stamm und wachsen in zwei Richtungen. Dadurch entsteht eine Y-Form, die das Unverträgliche des Platzes ausgleicht und dem Baum das Überleben sichert.

Mit der Y-Form können wir Bewußtseinsmuster, die in der rechten Hirnhälfte gespeichert sind, beeinflussen.

Dazu folgende Übung: Bilde die Y-Form mit der linken Hand, indem du den Mittelfinger über den Zeigefinger legst.

Die Fingernägel liegen übereinander und bilden den Stamm des Y. Halte die Handinnenfläche nach oben und vom Körper weg. Lege nun die rechte Hand auf die rechte Hirnhälfte. Halte diese Position ein bis drei Minuten, während du an ein Thema denkst, das dich im Moment belastet. Die Y-Form in der linken Hand löst ein Schwingungsmuster aus, das über die Arme weitergeleitet und über die rechte Hand an die rechte Hirnhälfte vermittelt wird.

Ein bestehendes Streßmuster, an das du im Moment denkst, wird durch die Y-Form umgewandelt. Du merkst das dadurch, daß du ruhig wirst, innerlich Abstand gewinnst zum Thema oder daß mögliche Lösungen auftauchen.

Halte während der Zeit, in der du die Y-Form anwendest, die Füße parallel auf dem Boden.

Die Y-Übung ist sehr vielseitig einsetzbar.

Hier einige Möglichkeiten:

- **Streß ablösen**
  An die Streßsituation denken und eventuell ein Auslöserwort z. B. »Zeit« ein bis zwei Minuten lang laut sagen beziehungsweise denken. Das laute Aussprechen hat oft noch eine stärkere Wirkung, weil es über mehr Kanäle geht.

- **Beziehungen klären**
  Den Namen der Person, mit der Schwierigkeiten bestehen, denken oder sagen und sich die Begegnungssituation vorstellen.

- **Behandeln eines Körperteils oder Organs**
  Den Namen des jeweiligen Organs oder Körperteils wiederholen z. B. »Bauch« und an dessen Heilung denken.

- **Ruhiges Einschlafen**
  Bei wiederkehrenden Gedanken oder Sorgen, die das Einschlafen behindern, wirkt sich die Y-Übung ebenfalls positiv aus.

- **Positive Lernvoraussetzungen schaffen**
  Du kannst dir das Lernen sehr erleichtern, indem du vor Arbeitsbeginn die Y-Übung machst. Du denkst dabei an den Lernstoff oder schaust auf den Text. Du kannst auch das Lern-

thema sagen. z. B. »englische Verben«. Damit sorgst du dafür, daß allfälliger Streß, der mit diesem Lernstoff verknüpft ist, abgebaut wird. Du kannst dir auch einen Zielsatz sagen, z. B. »Ich lerne diesen Text leicht und schnell!«

Bei Kindern mache ich häufig die Erfahrung, daß es für sie schwieriger ist, einen Text zu lernen, wenn sie wissen, daß am darauffolgenden Tag eine Prüfung (Test) stattfindet. Häufig taucht Versagensangst auf. In diesem Fall ist es sinnvoll, die Prüfungssituation miteinzubeziehen, z. B. »Ich lerne diesen Stoff leicht und habe ihn in der Prüfung zur Verfügung« oder »Ich bin bei der Prüfung ruhig« oder »Ich bin fähig, zu lernen und eine gute Prüfung zu machen.«

In der Prüfungssituation können sie dann die Y-Form mit der linken Hand bilden, während sie schreiben. Viele Kinder haben mir berichtet, daß sie damit sehr gute Erfahrungen gemacht haben. Daheim machen sie die Y-Übung, wobei sie mit der linken Hand die Y-Form bilden und die rechte Hand an die rechte Hirnhälfte legen. In der Schule machen sie nur die Y-Form mit der linken Hand. Damit kann Streß abgebaut und der Zugang zu Denkinhalten und Informationen erleichtert werden.

Entspannungsübung mit Ypsilon

Folgende Y-Übung kann man machen, bevor man ein bestimmtes Muster über der rechten Hirnhälfte umwandelt. Diese Übung entspannt und beruhigt und schafft gute Voraussetzungen für das Umpolen von Mustern.

Mit der linken Hand bildest du, wie bereits beschrieben, die Y-Form. Die rechte Hand legst du nacheinander auf drei Stellen des Kopfes. In jeder Stellung zählst du langsam von einundzwanzig rückwärts bis null.

– Lege zuerst die rechte Hand auf den Scheitel
– dann auf den Hinterkopf
– dann auf den Nacken

Nun kannst du die bereits bekannte Y-Übung anschließen, mit

der rechten Hand auf der rechten Hirnhälfte, und an ein bestimmtes Thema denken.

Die Sinus-Form

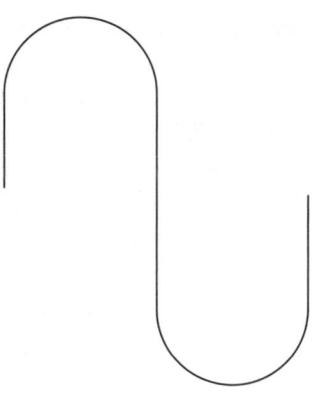

Die geometrische Form Sinus ist eine Energiewandlungsform. Sinus wandelt unverträgliche, negative in verträgliche, positive Energieflüsse, jedoch auch verträgliche, positive in unverträgliche, negative um. Es ist darauf zu achten, daß die Arme des Sinus parallel zur Mittelachse stehen und links und rechts auf der Hälfte des Mittelarms enden.

Denkmuster mit der Sinus-Form verändern

Schreibe auf eine Karte ein Wort, das in dir Streß auslöst. Du kannst auch ein Symbol dafür zeichnen. Male über das Wort oder das Bild die Sinus-Form in einer beliebigen Farbe. Nun nimm die Karte in die linke Hand, in der rechten Hand hältst du ein Glas Wasser. Schaue drei Minuten auf die Karte. Über den visuellen Kanal (sehen) nimmt dein Gehirn nun zwei Informationen auf. Das Wort aktiviert die gespeicherten Erfahrungen im Gehirn, die mit diesem Thema assoziiert sind. Das Sinus-Zeichen wandelt den negativen Energiefluß (Streß) in positiven Energiefluß um. Die Übertragungsrichtung ist dabei immer von links nach rechts (auch bei Linkshändern!). Das Wort mit der Sinus-Form darüber hat eine bestimmte Schwingung. Diese Schwingung geht von links nach rechts durch den Körper. (Wasser, aus dem der menschliche Körper zu 75 % besteht, ist ein sehr guter Energieleiter.) Das so geprägte »Informationswasser« trinken. Manchmal ist es sinnvoll, die Informationsübertragung ein paar Tage lang zu wiederholen, um das neue Muster zu stabilisieren. Du kannst das selbst spüren. Falls das Wort noch immer Unruhe, Unbehagen oder Streß in dir auslöst, ist es noch nicht vollständig umgeschrieben. In diesem Fall wiederholst du die Informationsübertragung, bis du bei diesem Wort ein neutrales oder ruhiges Gefühl hast. Du wirst dann auch merken, daß du vielleicht neue Verhaltensweisen zeigst und neue Wahlmöglichkeiten hast.

Mit Sinus kannst du auch einen einschränkenden **Glaubenssatz** umschreiben, so daß er seine Gültigkeit verliert. Wenn du denkst: »Ich lerne X nie«, wobei X für einen Lernstoff, ein Verhalten oder eine Tätigkeit stehen kann, hast du die Möglichkeit, diese Überzeugung mit Sinus zu verändern. Du schreibst den Satz auf eine Karte und malst in deiner Lieblingsfarbe eine Sinus-Form darüber. Nun überträgst du diese Information während drei Minuten auf ein Glas Wasser. Wiederhole das Umschreiben, bis die gegenteilige Aussage sich für dich richtig anfühlt. »Ich lerne X!«

Außer dem einschränkenden Glaubenssatz kannst du auch den Zielsatz aufschreiben, z. B. »Ich lerne X leicht!« Wenn du merkst, daß du innerlich dieser Aussage noch nicht zustimmen kannst, daß Zweifel vorhanden sind, kannst du über den Zielsatz das Sinus-Zeichen malen und so den negativen Energiefluß, der dich hindert, dieses Ziel zu erreichen, in einen postiven Energiefluß umwandeln.

Kindern empfehle ich auch, über einen Text, der Streß auslöst, ein Sichtmäppchen mit einer aufgemalten Sinus-Form zu legen. Sie lassen die Sinus-Form während des Lernens auf dem Text, bis sie ein ruhiges, zuversichtliches Gefühl haben. Sie können zusätzlich, wie oben beschrieben, die Information auch auf Wasser übertragen.

Nicht selten reagieren Kinder bei Lehrerwechsel mit Streß. Manchmal hat es mit der Person selbst zu tun und manchmal mit den veränderten Arbeitsbedingungen, was sich aber häufig recht schnell auf die Beziehung Schüler-Lehrer auswirkt. Bei manchen Kindern leiden dann auch die Schulleistungen darunter.

Das Kind kann an das Moment denken, das bei ihm Streß auslöst z. B. die Stimme der Lehrerin, schmale Lippen, eine gerunzelte Stirn oder die ganze Gestalt überhaupt und gleichzeitig eine

Sinus-Form anschauen. Es kann sich die Sinus-Form auch mental vorstellen. Mit Sinus wird die Streßreaktion verändert, und das Gehirn bekommt neue Möglichkeiten, um mit dieser Information umzugehen.

Kinder lernen schnell, die Sinus-Form zu nutzen, um Streß von Wörtern wie Prüfung, Tempo, Diktat, Hausaufgaben usw. abzubauen. Es geht darum, ihrem Gehirn mehr Wahlmöglichkeiten zu geben, um mit diesen Situationen im Sinne ihrer Ressourcen umzugehen.

Weitere Möglichkeiten mit der Sinus-Form auf der körperlichen Ebene

Insektenstich: Zeichne eine Sinusform mit Kugelschreiber oder Stift auf die juckende, anschwellende Stelle. Der Juckreiz hört schnell auf, und die Schwellung bleibt klein.

Verbrennung: Zeichne neben die verbrannte Stelle Sinus. Der Schmerz läßt rasch nach und sie heilt schneller.

Wunden: Du kannst Sinus neben die Wunde oder auf das Pflaster zeichnen. Die Blutung hört rasch auf, die Wunde verheilt schneller, und die Narbenbildung wird gebremst.

Entzündungen: An oder neben der Entzündungsstelle kannst du ein Sinus-Zeichen anbringen.

Halsentzündung: Ein Sinus auf die linke Zeigefingerspitze zeichnen. Die Zeigefingerspitze dann auf das Schmerzzentrum am Hals halten und eine Informationsübertragung auf ein Glas Wasser vornehmen. Nach drei Minuten das Wasser trinken.

Experimentiere einfach mit der Sinus-Form. Du wirst überrascht sein.

Das balkengleiche Kreuz
Ein waagerechter Strich muß sich polarisieren (da er kein Energiespeicher sein kann) und baut ein elektromagnetisches Feld auf. Ein senkrechter Strich darüber baut ebenfalls ein elektromagnetisches Feld auf. Die beiden

Felder heben sich gegenseitig auf, so daß der Energiefluß gestoppt wird. Es fließt keine Energie.

Wenn man auf einem Platz sitzt, der unverträglich wegen Wasseradern oder anderer externer Störfelder ist, kann man ein balkengleiches Kreuz auf ein Blatt zeichnen und unter den Stuhl legen. Das Kreuz stoppt den ungünstigen Energiefluß.

Schon manchem hat das balkengleiche Kreuz unter dem Bett zu ruhigerem Schlaf verholfen.

Eine Übung mit dem balkengleichen Kreuz wurde schon im Kapitel über die Magic line card beschrieben.

Weitere Möglichkeiten, die Sinus-Form anzuwenden, findest du in der nachfolgenden Geschichte. Sie eignet sich gut, um auch schon kleinere Kinder mit dem Sinus-Zeichen vertraut zu machen.

Die Zauberwolke
(Eine Geschichte zu Sinus)

Eine winzigkleine Wolke ist unterwegs am Himmel. Sie ist unglücklich. Seit langer Zeit versucht sie zu wachsen und eine große starke Wolke zu werden. Aber umsonst. »Ich kann einfach nicht!« denkt sie. Ein paar winzige Tränen tropfen auf die Erde.

Die Sonne sieht das traurige Wölkchen. Sie schickt ihm einen ganz besonderen Sonnenstrahl. Der goldene Strahl legt sich in Sinusform auf die kleine Wolke.

Da spürt sie eine Veränderung in sich. Plötzlich hat sie das Gefühl, daß sie sogar mehr kann als wachsen. »Das hat mit diesem Zeichen zu tun. Es hat mich verändert!« denkt die Wolke. Da beschließt die kleine Wolke, sich umzuformen.

Es geht ganz leicht. Da hört sie eine Stimme. »Du bist nun die Sinuswolke. Bring das Sinuszeichen den Menschen. Das Zeichen kehrt das um, was ist. Es wendet negative Informationen in positive.« Die Wolke hat das Gefühl, daß die Worte von der Sonne kommen. Aber ganz sicher ist sie nicht.

Sie beginnt zu wachsen, und gleichzeitig füllt sie sich mit Sinuszeichen: gelben, roten, blauen, grünen und regenbogenfarbenen. Jetzt fühlt sie sich stark und macht sich auf die Reise. Sie fliegt näher zur Erde und singt:

>»Brauch Sinus zum Wenden
>und es wird gut enden!«

Da fällt ihr ein Kind auf, das auf dem Boden sitzt und weint. Es hat sich am Knie wehgetan. Die Sinuswolke zaubert ein blaues Sinuszeichen auf das schmerzende Knie. Das Mädchen schaut erstaunt auf das Zeichen. Gleichzeitig verschwindet der Schmerz. Die Wolke flüstert dem Mädchen ins Ohr:

>»Brauch Sinus zum Wenden
>und es wird gut enden!«

»Danke, Zauberwolke!« ruft Anja. Sie winkt der Wolke und rennt nach Hause. Die Wolke schwebt davon und freut sich über ihren neuen Namen: Zauberwolke. Das klingt gut.

In einem Kinderwagen schreit ein Baby. Die Zauberwolke malt ihm ein unsichtbares Sinuszeichen auf die Stirn. Ein paar Augenblicke später schläft der Säugling ruhig ein.

Von Ferne sieht die Wolke ein Schulhaus. »Da gibt es sicher etwas für mich zu tun«, denkt sie. Auf dem Pausenhof spielen Kinder. Zwei Knaben haben Streit. Sie kämpfen gegeneinander. Einen Moment lassen sie voneinander ab. Da schiebt die Zauberwolke schnell ein orangefarbenes Sinuszeichen zwischen sie. Beide Knaben schauen überrascht auf das Zeichen, und gleichzeitig beginnt sich die Wut aufzulösen. Etwas unsicher blinzeln sie einander an, und plötzlich fangen sie an zu lachen.

Die Zauberwolke schaut in ein Schulzimmer hinein. »Oh, da

kann ich einiges tun!« Ein Mädchen starrt in das Rechenbuch und denkt: »Ich kann das nicht!« Die Wolke malt schnell über diesen Satz ein grünes Sinuszeichen:

Ich kann das nicht.

Und... schwupps ist die Information umgekehrt. Im Kopf des Mädchens heißt es plötzlich: Ich kann es! Das Mädchen strahlt und beginnt zu schreiben.

Ein Junge steht an der Tafel und versucht eine Rechenaufgabe zu lösen. Er ist aufgeregt und kann nicht mehr richtig denken. Die Wolke malt ein regenbogenfarbenes Sinuszeichen an die Tafel. Der Junge schaut es verblüfft an – und etwas später schreibt er Zahlen an die Tafel.

Die Lehrerin sieht das Zeichen ebenfalls. Zuerst wird sie ärgerlich. Bevor sie etwas sagen kann, merkt sie, daß sich ihr Gefühl verändert. Die Wolke flüstert ihr ins Ohr:

»Brauch Sinus zum Wenden
und es wird gut enden!«

Die Kinder schauen auf das Zeichen und auf die Lehrerin. Sie merken, daß etwas Wichtiges geschieht, wissen aber nicht genau, was. Aber es fühlt sich gut an. Die Wolke lächelt zufrieden und schwebt weiter.

Auf der Straße schimpft ein Polizist mit zwei Kindern. Die laute Stimme macht ihnen angst. Die Zauberwolke schickt ein buntes Sinuszeichen los, das auf seinem Mund landet. Die Kinder machen große Augen. Die Stimme ist plötzlich viel leiser. »Na gut, ich drükke ein Auge zu!« Dabei beginnt der Mund sogar zu lächeln.

Die Zauberwolke ist nun neugierig, wie es Anja geht. Sie hat als erste ein Sinuszeichen bekommen. Anja malt soeben mit einem Stift ein Sinuszeichen auf den Arm der Freundin, die von einer Mücke gestochen wurde. »Es wird schnell besser, du wirst sehen«, sagt sie.

Nun nimmt sie einen Stein und malt darauf ein Sinuszeichen. Sie legt ihn der kranken Pflanze in den Topf.

>Brauch Sinus zum Wenden
und es wird gut enden!«

sagt sie zur Freundin. »Das hat mir die Zauberwolke gesagt und mir das Zeichen auf das Knie gemalt. Es ist ganz schnell geheilt.

Die Zauberwolke schwebt davon. Sie ist zufrieden. Die Menschen haben das Sinuszeichen verstanden und geben es weiter. – Und es wirkt!

4. Der magische Dreh

In der Regel ist es so, daß alles, was wir gern tun, uns sehr nahe ist. Wir fühlen uns damit verbunden. Wir haben das Gefühl, daß es zu uns gehört, als ein Teil von uns. Es sind positive Erfahrungen, man bezeichnet sie auch als Ressourcen.

Dann gibt es auch Aspekte in unserem Leben, von denen wir uns getrennt fühlen. Das können Fähigkeiten sein, Verhalten, Gefühlsmuster, Glaubensmuster oder sogar Körperteile. Oft ist es tatsächlich so, daß wir uns wie getrennt fühlen von Körperteilen, die uns Probleme bereiten.

In dieser Übung geht es darum, einen Teil, von dem wir uns getrennt fühlen, zu integrieren. Am besten funktioniert das, wenn man diesen Teil mit etwas anderem verknüpft, mit dem man sich schon verbunden fühlt.

- Schreibe auf einen Zettel eine Ressource. Das kann etwas sein, das du gern tust, eine Fähigkeit, etwas, das zu dir gehört, mit dem du dich verbunden fühlst. Wähle etwas, wovon du sagen kannst: »Es ist leicht. Ich kann es gut. Es ist mir nah.« Ich nenne hier als Beispiel »Joggen«.
- Lege den Zettel auf den Boden. Stell dich auf diese Position und tu einen Moment lang so, als ob du diese Situation jetzt erleben würdest. Achte auf Bilder, die auftauchen, auf Stim-

men, Geräusche. Vielleicht gibt es einen Geruch oder Geschmack. Wie fühlst du dich? Wo im Körper fühlt es sich besonders angenehm an?

- Wähle nun etwas, von dem du dich getrennt fühlst, von dem du aber gerne hättest, daß es zu dir gehört. Ich bezeichne es hier als X und nehme als Beispiel »Briefe schreiben«.

Notiere auch das auf einen Zettel und lege ihn ebenfalls auf den Boden, und zwar auf der rechten Seite von »Ressource«, etwa einen Meter entfernt.

$$\text{Y} \qquad \text{X}$$

Ressource   Problem
z. B. Joggen   z. B. Briefe schreiben

- Stell dich auf Position X und nimm einen Moment Kontakt damit auf. Welches Gefühl löst es in dir aus? Tauchen Bilder dazu auf? Hörst du Stimmen? Gibt es einen bestimmten Satz dazu?

Wenn unangenehme Gefühle auftauchen, kannst du dieses Streßmuster über die Augenbewegungen lösen. Du kannst die Magic line card dazu verwenden. Bewege die Magic line card etwa zwanzigmal horizontal hin und her (hin, her = eine Bewegung), folge nur mit den Augen (der Kopf bleibt ruhig) und denke an X. Dann bewege die Magic line card etwa zwanzigmal auf und ab und folge nur mit den Augen. Die waagerechten und senkrechten Bewegungen ergeben ein balkengleiches Kreuz, was Energie stoppt. Ich verweise hier auf den Abschnitt »Muster verändern über geometrische Formen«.

Wie ist es nun? Was hat sich verändert? Falls du jetzt ein neutrales Gefühl hast, kannst du zum nächsten Punkt weitergehen. Wenn noch immer unangenehme Gefühle vorhanden sind, wiederholst du die Bewegungen mit der Magic line card im Gesichtsfeld.

- Überprüfe nun auf einer Skala von null bis zehn deine Überzeugung bezüglich X. Wenn du das Gefühl hast: »X ist leicht. X kann ich leicht lernen. X ist mir nah«, wäre das eine 10 auf der

Skala. Wenn diese Aussage überhaupt nicht stimmt, ist es vielleicht eine Null, wenn sie annähernd stimmt, vielleicht eine Sieben. Es kann auch sein, daß es für jeden der drei Sätze eine andere Zahl auf der Skala gibt.

Nun kannst du diese zwei Teile »Ressource« und »X« verknüpfen, so daß es assoziative Verbindungen gibt auf der Gehirnebene. Damit kannst du eine schnelle Glaubenssatzveränderung erreichen. Eine Tätigkeit X, die du bis dahin vielleicht als schwierig eingestuft hast, verknüpfst du mit einer Ressource, mit etwas, das dir leicht gelingt.

Stelle dich **zwischen** die beiden Zettel, so daß auf deiner linken Seite die Ressource ist, auf der rechten Seite X. Klopfe nun mit der linken Hand leicht auf die Außenseite des linken Beines und sage dazu die Ressource, z. B. »Joggen«. Klopfe nun leicht mit der rechten Hand auf die Außenseite des rechten Beines und sage X, z. B. »Briefe schreiben«.

Nun machst du eine Drehung im Uhrzeigersinn (Sprung oder Schritte) und hast jetzt auf deiner linken Seite X und auf deiner rechten Seite die Ressource. Du klopfst also links, sagst dabei X »Briefe schreiben« und klopfst auf die rechte Seite und nennst die Ressource, also »Joggen«.

Du machst wieder eine Drehung um 180 Grad im Uhrzeigersinn und bist wieder in der Ausgangsstellung, also links die Ressource und rechts X. Du wiederholst das Klopfen und Sprechen.

Mach auf diese Art etwa zehn Drehungen. Du kannst zwischendurch eine Pause einlegen. Du wirst merken, daß es sinnvoll ist, die Wörter auf die Zettel zu schreiben oder einen Gegenstand hinzulegen, der diesen Teil darstellt, denn nach einigen Drehungen weiß man oft nicht mehr, auf welcher Seite was ist. Das heißt, die beiden Teile beginnen sich zu vernetzen. Das geschieht dadurch, daß du über das Klopfen der linken Seite die rechte Hirnhälfte aktivierst, über das Klopfen der rechten Seite aktivierst du die linke Hirnhälfte. Du gibst beide Informationen Ressource und X also abwechselnd immer in die rechte und linke Hemisphäre ein. Dadurch verknüpfen sich die Informationen.

- Nun überprüfe wieder auf einer Skala deine Überzeugung bezüglich X. »X ist leicht. X kann ich leicht lernen. X ist mir nah.«

Falls alle drei Sätze auf der Skala den Wert zehn erreicht haben, kannst du dir gratulieren, sonst machst du noch ein paar magische Drehungen, um weiter zu integrieren.

Überprüfe nun auch die Verknüpfung zwischen Ressource und X, indem du sagst »X ist so leicht wie die Ressource Y« oder in unserem Fall »Briefeschreiben ist so leicht wie Joggen« oder »Das Briefeschreiben kann ich so leicht lernen wie das Joggen.«

- Du kannst nun die Zettel dicht nebeneinanderschieben. Stelle dir auf dem Boden einen farbigen Kreis vor, der alle deine Ressourcen enthält zusammen mit X, das du jetzt auch als ressourcevoll erlebst. Spüre, wie etwas Neues dazugekommen ist.

Laß die Farbe aus dem Kreis wie eine Wolke aufsteigen und dich damit einhüllen. Du kannst die Farbe einatmen und an die Körperstellen fließen lassen, wo du sie brauchst.

Kindern gefällt diese Übung besonders gut, weil sie mit Bewegung zu tun hat. Manche Kinder genießen es, einen Sprung um 180 Grad zu nehmen, andere hüpfen oder tanzen. Alle sind immer wieder überrascht, wie schnell sich eine Überzeugung auf diese Art verändern kann. Eine Sache, von der das Kind noch einen Moment vorher glaubte, sie sei schwierig, wird verknüpft mit einer Tätigkeit, die ihm leichtfällt. Innerhalb kurzer Zeit verändern sich Einstellungen und Gefühle.

Bei Kindern ist es sinnvoll, für die Verknüpfung Gegenstände zu wählen. Wenn also das Kind die positive Überzeugung und guten Gefühle beim Snowboarden verknüpfen will mit Rechnen, ist es sinnvoll, auf die linke Seite das Snowboard und auf die rechte Seite das Rechenbuch hinzulegen.

Manchmal ist es sinnvoll, den magischen Dreh ein paar Tage

lang zu machen, um die Verknüpfung zu stabilisieren. Es reicht, wenn man nur die Drehbewegungen macht und dazu die Wörter sagt und klopft. Die Skala kannst du weglassen. Achte einfach auf das Körpergefühl.

Kinder lieben den magischen Dreh. Sie finden es faszinierend, daß sie Hobbys nutzen können, damit auch andere Dinge leichter gehen. Die Bewegung gefällt ihnen – und es wirkt!

5. Der Zwischenweltenblick

Ich nenne diese Übung auch »Zwischen den Dingen die Welt entdecken«, weil sie hilft, durch ein verändertes Sehen verschiedene Informationen zusammenzuführen. Zu dieser Übung habe ich mich inspirieren lassen von einer alten Meditationsform, bei der man zwei farbige Punkte auf einer Karte verschmelzen läßt.

Du kannst dazu selber eine Karte gestalten. Male auf eine weiße Karte zwei Punkte: links einen roten und rechts einen blauen Punkt, du kannst auch farbige Kleber anbringen. Der Abstand zwischen den farbigen Punkten sollte drei Zentimeter betragen, die Punkte selbst haben einen Durchmesser von etwa zwei Zentimetern. Bevor du die eigentliche Intervention machst, übst du das magische Sehen (= stereoskopisches Sehen).

Vielleicht kennst du diese Fähigkeit und brauchst sie nur zu aktivieren, denn es ist genau der Blick, den man braucht, um 3D-Bilder zu sehen. Es gibt zwei Techniken, die hilfreich sein können, um diesen offenen Blick oder das magische Sehen zu entwickeln:

Bei der **Paralleltechnik** hältst du die Karte etwa in die Höhe der Sehachse und fixierst einen Punkt hinter der Karte. Du kannst einen bestimmten Gegenstand auswählen, den du anschaust; die Karte ist dabei einfach nur in deinem Blickfeld. Plötzlich kannst du auf der Karte drei Punkte wahrnehmen. In der Mitte sind ein roter und ein blauer Punkt, die sich übereinander legen. Manchmal ist der rote Punkt vorn, manchmal der blaue, das kann auch wechseln. Das hat mit dem dominanten Auge zu tun. Es kann auch sein, daß du vier Punkte siehst. In diesem Fall kannst du die Karte etwas nach vorn oder hinten schieben, so daß sich die zwei Punkte überlappen.

Bei der **Überkreuztechnik** hältst du die Karte etwa eine Armlänge von dir entfernt. Du hältst den Zeigefinger zwischen deiner Nase und den zwei Punkten auf der Karte und schaust jetzt auf den Finger. Nun kannst du auf der Karte drei oder vier Punkte wahrnehmen. Wenn du vier Punkte wahrnimmst, verschiebst du den Finger ein wenig, bis du drei Punkte siehst. Falls der mittlere Punkt unter dem Finger versteckt ist, kannst du den Finger langsam nach unten wegziehen.

Zwischendurch kannst du die Augen entspannen, indem du die Technik des **Palmierens** anwendest. Sie geht so: Reibe die Handflächen aneinander und lege die Hände sanft über die geschlossenen Augen, wobei die Finger über der Stirn liegen. Diese Übung kannst du so oft wie möglich machen, um die Augen zu entspannen und damit das Sehen mit offenem, weichem Blick zu ermöglichen.

Die Daumenübung

Halte beide Arme ausgestreckt nach vorn, wobei beide Daumen nach oben weisen. Wende jetzt die Paralleltechnik oder die Überkreuztechnik an, bis du einen dritten Daumen sehen kannst. Wenn du vier Daumen siehst, verschiebst du die Distanz der Daumen ein wenig. So trainierst du das magische Sehen.

Das magische Sehen (stereoskopische Sehen) ist ein Biofeedbacksignal, also ein vom Körper ausgesandtes Signal, daß beide Gehirnhälften aktiv sind. Magisches Sehen ist eine Leistung des

Fusionszentrums im Gehirn. Fusionieren heißt verschmelzen. So findet ein Ineinanderschmelzen von zwei verschiedenen Wahrnehmungssystemen statt, denn die beiden Gehirnhälften erhalten jeweils nur durch ein Auge Informationen.

❖ *Eine persönliche Ressourcekarte gestalten*

Den Zwischenweltenblick (Magisches Sehen) kannst du anwenden, um Streß abzubauen, Konflikte zu lösen, Entscheidungen zu fällen und neue Handlungsmöglichkeiten zu entdecken.

Gestalte wie oben beschrieben eine Karte mit zwei Farbpunkten. Der linke Farbpunkt steht für Ressourcen, Fähigkeiten, positive Erfahrungen. Am besten wählst du ein bestimmtes positives Ereignis, das du dir nochmals vergegenwärtigst, während du den Farbpunkt anschaust. Was gibt es zu sehen in dieser Situation, was zu hören, zu riechen und zu schmecken? Welche Gefühle sind im Vordergrund, und wo im Körper nimmst du sie wahr?

Wähle eine andere Farbe für den rechten Punkt und dazu eine unbefriedigende Situation. Diese Situation, für die du dir mehr Wahlmöglichkeiten wünschst, kann in der Vergangenheit oder in der Zukunft liegen.

Nun schaue auf die Karte mit dem Zwischenweltenblick. Wende die Paralleltechnik oder die Überkreuztechnik an, je nachdem, welche dir mehr liegt. Wenn der dritte Punkt auftaucht, verweile einen Moment mit offenem, weichem Blick in dieser Zwischenwelt. Wenn der Blick zurückgleitet in den Normalblick, kannst du ihn nach Bedarf wiederholen.

Im Fusionszentrum verschmelzen die beiden Informationen, d. h. die Ressource und das Problem. Das Gehirn schafft schnell eine Integration, Verbindungen, es vereint. Negative Emotionen werden aufgelöst. Neue Wahlmöglichkeiten werden geschaffen. Dabei entsteht etwas völlig Neues, eine neue Qualität der Wahrnehmung; das Ganze ist mehr als die Summe seiner Teile.

Du kannst den Zwischenweltenblick ein paar Tage lang zu diesem Thema üben. Dabei wird das neu entstandene Muster stabilisiert, die Verbindung wird verstärkt.

❖ *Der Ressourcestab*

Du schneidest dir einen Holzstab in der Länge von 12,7 cm. Nach der Huna-Lehre, auf die später noch verwiesen wird, hat eine Länge von fünf Zoll eine starke energetische Ladung.

Nimm diesen Holzstab in die linke Hand und benutze ihn als Anker für eine Ressource. Dazu läßt du in dir eine positive Erinnerung auftauchen, als dir etwas gut gelungen ist, als du leicht ein Ziel erreicht hast oder eine bestimmte Fähigkeit zur Verfügung hattest.

Vergegenwärtige dir einen Moment lang diese Situation, indem du eintauchst und deinem Sehen, Hören und Fühlen nachgehst. Während du den Stab in der Hand hältst, verankert sich dieser innere ressourcevolle Zustand mit diesem Stab, so daß er zu deinem Ressourcestab wird.

Der rechte Daumen steht für eine Situation, für die du mehr Handlungsmöglichkeiten zur Wahl haben möchtest. Das kann auch ein Ziel sein, das du erreichen möchtest.

Strecke nun beide Arme aus. Rechts hältst du den Daumen hoch, der für dein Ziel steht. Links hältst du den Stab in der Hand, der für deine Ressource steht.

Wende den Zwischenweltenblick an. Der Daumen und der Ressourcestab gleiten ineinander. Es kann sein, daß manchmal der Daumen vorn ist, dann wieder der Stab oder daß sie wechseln und durcheinandergleiten. Das Ziel und die Ressource verbinden sich und eröffnen dir damit mehr Wahlmöglichkeiten. Du kannst das Magische Sehen ein paarmal anwenden, bis du ganz zufrieden bist. Auf dem Holzstab kannst du mehrere Ressourcen ankern, so daß du ihn auch für verschiedene Ziele einsetzen kannst.

Beim Magischen Sehen fusionieren die beiden Informationen

– Ziel und Ressource – sehr schnell, so daß du ein zuversichtliches Gefühl spürst und Schritte in die richtige Richtung tun kannst.

Bei Kindern stellt sich dieser magische Blick oft ganz spontan ein. Es kann sehr unterstützend sein für das Lernen, einen solchen Ressourcestab zu installieren, so daß das Kind jederzeit damit ein Ziel unterstützen kann. Es kann z. B. vor dem Lernen darüber nachdenken, welches Ziel es zu einem bestimmten Lernstoff hat, z. B. »Ich lerne diesen Stoff leicht.« Nun fügt es die Ressource mit dem Stab bei und läßt Ziel und Ressource verschmelzen. Es geschehen dadurch oft geradezu magische Veränderungen.

6. Gehirngerechtes Lernen

Angestrengtes Nachdenken ist ein mentales Muster, das in unserer Kulter sehr verbreitet ist. Es ist verknüpft mit dem Glaubenssatz, daß Lernen mühsam und hart ist. Informationen müssen linear verarbeitet werden und einer bestimmten Gesetzmäßigkeit und Logik entsprechen. Dieses konzentrierte, ja verbissene Denken engt auch das Gesichtsfeld ein und führt zu angestrengtem Sehen. Damit werden Informationen bewußt oder unbewußt ausgeblendet. Oft ist das mit Angst gekoppelt.

Offenes Denken ist ganzheitlich und nutzt die Potentiale beider Hirnhälften. Der logische Verstand hat darin genauso seinen Platz wie innere Bilder, Gefühle und die Intuition. Offenes Denken bedeutet auch eine bestimmte Art des Sehens. Das Gesichtsfeld verbreitert sich, wir haben einen offenen Fokus und nehmen viel mehr wahr, und dies auf neue Art.

❖ *Mind Map*

Der Begriff »Mind-Map« wurde durch den Engländer Tony Buzan eingeführt. Es gibt keine optimale Übersetzung ins Deutsche. Annäherungen wären »Gedächtniskarte«, »Ideen-Baum« oder »Gedankennetz«. Mind-Map hat sich deshalb auch im deutschen Sprachraum eingebürgert und wird von vielen, ob jung oder alt, in vielen verschiedenen Situationen angewendet.

Mind-Map ist eine ideale Methode, um Informationen, Ideen und Gedanken aller Art festzuhalten. Sie verbindet sprachliches und bildhaftes Denken miteinander. Logisches, analytisches Denken ist eine Funktion der linken Hirnhälfte. Für assoziatives, kreatives Denken ist die rechte Hirnhälfte zuständig.

Mind-Mapping nutzt die Fähigkeiten beider Hirnhälften. Mind-Maps unterstützen das Gedächtnis, die Kreativität, die Effektivität und machen außerdem Spaß.

Ein Mind-Map hat die Form eines Baumes (von oben gesehen) und besteht aus Stamm, Hauptast, Zweig und Nebenzweig (N-Zweig).

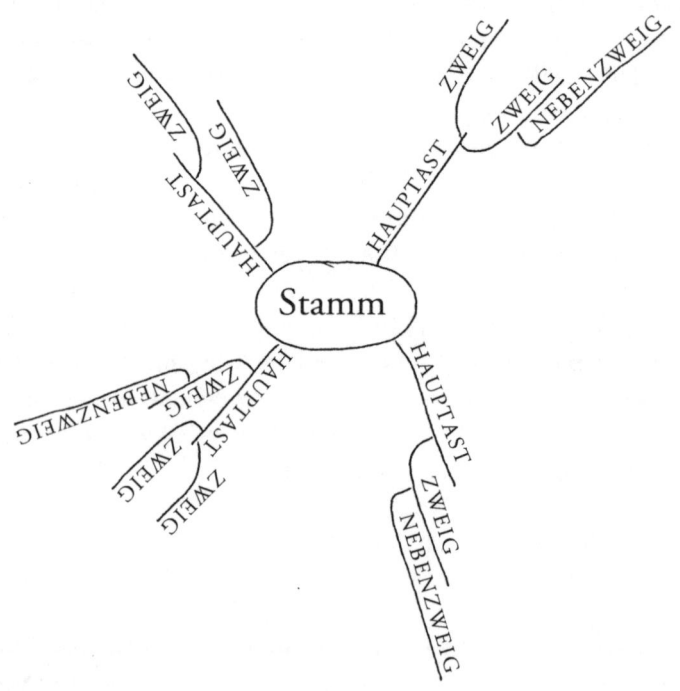

Ein Mind-Map entsteht immer in der Mitte des Blattes und breitet sich allmählich über das ganze Blatt aus. Im Mittelpunkt ist immer das Thema. Du schreibst es in die Mitte des Blattes und ziehst einen Kreis darum herum. Von diesem Kreis (Stamm) gehen die Hauptäste weg. Das sind die einzelnen Bereiche, in die du das Thema gliedern willst. Die Zweige und Nebenzweige enthalten spezielle Informationen zu den Bereichen. Es werden nur Stichworte verwendet. Für das Gehirn reicht ein Stichwort oder Schlüsselwort, um einen ganzen Gedanken oder ein Bild wieder zu aktivieren. Das Gehirn speichert assoziativ, also wie ein Netzwerk. Ein Schlüsselwort ruft automatisch die Gedankenbilder ab, die wir zu diesem Wort gespeichert haben. Das Mind-Map hat den Vorteil, daß du alle Ideen, die zu einem Thema auftauchen, sofort in Schlüsselwörtern eintragen kannst, dort wo sie hinpassen. Du mußt keine Reihenfolge einhalten. Ein Mind-Map kann beliebig in alle Richtungen wachsen. Du behältst den Überblick, alle auftauchenden Ideen werden aufgenommen, und du kannst schnell und efffizient Informationen und Ideen zu einem Thema sammeln.

Ein Mind-Map eignet sich auch für die Arbeit in Gruppen und Teams.

Du kannst das Mind-Map für nahezu alles brauchen:
– für das Planen von Projekten, Reisen, Feiern, Seminaren, Sitzungen, Vorträgen, Ferien ...
– für das Lernen von Texten, Begriffen, Examensstoff ...
– für das Ordnen von Informationen: Protokolle, Verträge ...
– für das Erfinden von Geschichten, Übungen, Lösungen, Techniken ...

Hier sind ein paar praktische Hinweise, um ein Mind-Map optimal zu gestalten:
– Nimm ein weißes, neutrales Blatt ohne Linien oder Kästchen.
– Schreibe die Stichwörter (nur Nomina) in großen Blockbuchstaben.

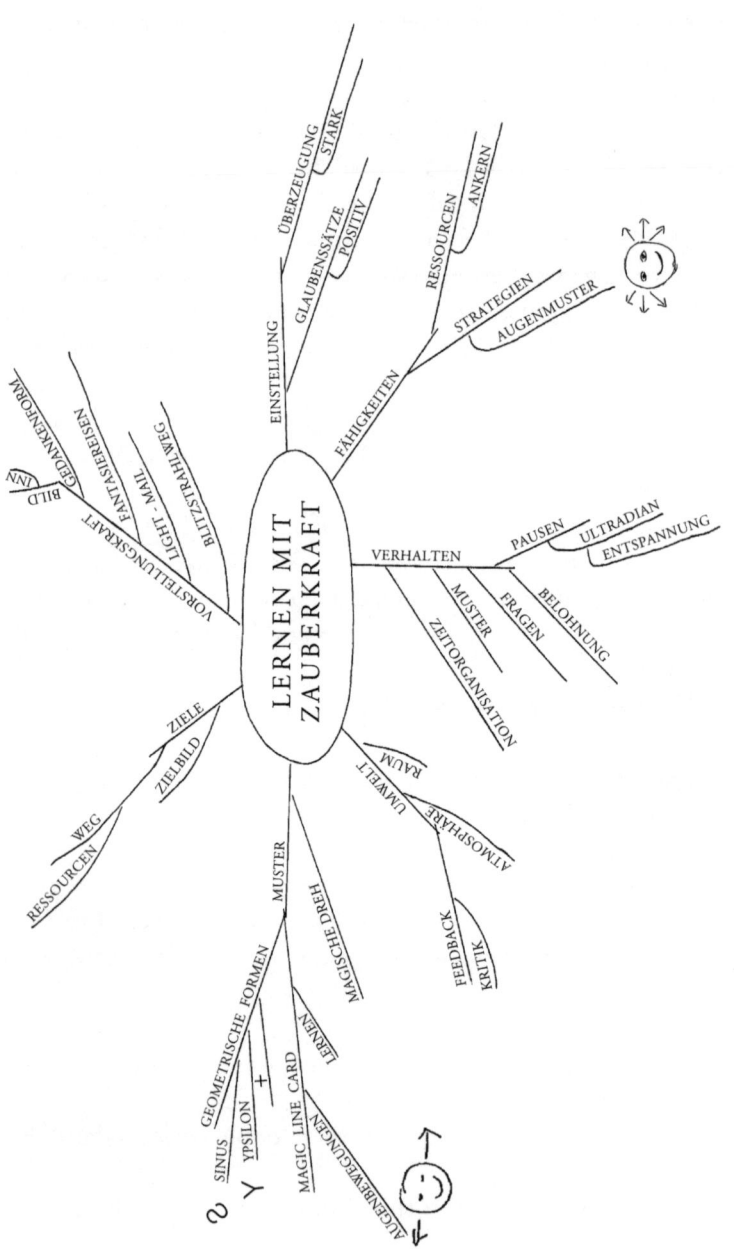

- Die Striche haben die Länge der Wörter.
- Setze Farben ein.
- Zeichne Symbole und Bilder.

Auch für Kinder sind Mind-Maps sehr geeignet. Ob sie die Methode nun brauchen, um einen Lerntext schnell zu erfassen, eine Zusammenfassung zu machen oder die Geburtstagsparty zu planen, sie hilft kreativ zu denken und gleichzeitig den Überblick zu behalten.

Gerade für Kinder ist es sehr empfehlenswert, verschiedene Farben, Symbole und Zeichnungen einzusetzen.

Nebenstehend ein Beispiel für ein Mind-Map zum Thema Lernen mit Zauberkraft.

❖ *Hüpfende Wörter*

Bewegungen unterstützen offenes Denken. Viele Menschen haben kreative Ideen beim Joggen, Spazierengehen und anderen Bewegungsarten. Ein ideales Bewegungsgerät, das sich vielseitig einsetzen läßt, ist das Trampolin. Ich verwende es bei den Kindern sehr häufig für ganzheitliches Lernen.

Für die Übung »Hüpfende Wörter« wurde ich inspiriert vom Buch »Natürliche Gesundheit für die Augen« von Jacob Libermann. Die Übung eignet sich, um sich innere Wortbilder zu schaffen, sich Wörter visuell einzuprägen. Das können Wörter sein für Diktatvorbereitungen, Vokabeln für Fremdsprachen oder neue Begriffe in Lerntexten.

- Schreibe das Wort genügend groß auf eine Karte in der Lieblingsfarbe des Kindes.
- Stelle oder klebe die Karte auf einen Platz, so daß das Kind, wenn es auf dem Trampolin hüpft, nach links oben sehen muß (Augenposition visuell erinnert).

Das Kind hüpft, und bei jedem Sprung nennt es einen Buch-

staben des Wortes. Ich nehme hier als Beispiel »F – A – H – R – R – A – D«
Nun wird **ein** Buchstabe ersetzt durch ein Wort, das für das Kind eine positive Bedeutung hat. Über Gefühle, Bilder, die damit aktiviert werden, vollzieht sich ganzheitliches Lernen. Du sagst zum Kind z. B. »Ersetze den Buchstaben H durch dein Lieblingstier.« Das Kind sagt »Pferd« und hüpft nun »F – A – Pferd – R – R – A – D«. Nun läßt du vielleicht die zwei R durch die Lieblingsfarbe ersetzen, was ergibt: »F – A – Pferd – blau – blau – A – D«
A könntest du durch die Zahlen eins und zwei ersetzen lassen; den Buchstaben F durch das Lieblingsessen und D durch ein Hobby. Bei jedem Durchgang wird ein Buchstabe ersetzt. Beim letzten Durchgang wäre also »Pizza – eins – Pferd – blau – blau – zwei – Reiten«.

- Das Kind dreht sich um und nennt diese Wörter beim Hüpfen auswendig.
- Nun geschieht das Ganze **rückwärts.** Zuerst werden nur die Buchstaben genannt. Bei jedem Hüpf-Durchgang wird dann wieder ein Buchstabe durch ein Wort ersetzt. Die Ersetzungen sind natürlich dieselben.
- Zum Schluß dreht sich das Kind um, hüpft und sagt die Wörter auswendig.
  »Reiten – zwei – blau – blau – Pferd – eins – Pizza«
  Beim letzen Durchgang sagt es die Buchstaben des Wortes rückwärts und ohne hinzusehen.

Auf diese Weise werden Wörter sehr schnell über alle Kanäle gespeichert (visuell, auditiv, kinästhetisch). Zusätzlich wird das Wort mit neuen Bildern/Assoziationen verknüpft. Das Rückwärtsbuchstabieren gelingt auf diese Art spielend leicht, was bedeutet, daß das Wortbild gut gesichert ist. Manchmal reicht es, wenn nur einige Buchstaben durchWörter ersetzt werden, um das Wortbild zuverlässig zu speichern. Die Buchstaben können ersetzt werden durch Farben, Zahlen, Tiere, Hobby, Sport, Lieb-

lingsessen, Getränk, Ort, Automarke, Musikgruppe, Star, Hand-
lungen wie klatschen, drehen auf dem Trampolin... Falls man
kein Trampolin hat, kann man sich die Übung dennoch anwenden. Laß dann einfach zwei bis drei Buchstaben durch Bewegungen ersetzen wie: Händeklatschen, Sprung, Armbewegungen, auf
Beine klopfen...

Beim Hüpfen lernen Kinder auch viel schneller das Einmaleins. Zusätzlich zum Sprechen (auditiv) und Bewegen (kinästhetisch) wird im visuellen Kanal die Zahlenfamilie angeboten. Auf
Dreiecke schreibst du die Zahlen, die multipliziert werden, z. B.
$3 \times 8 = 24$.

Du zeigst dem Kind beim Hüpfen ein Dreieck nach dem anderen. Es kann die Rechnung ablesen, bis es sicher ist. Die drei
Zahlen werden als Familie gespeichert. Dann kannst du mit dem
Finger nach Belieben eine Zahl zudecken. Das Kind sagt die entsprechende Rechnung mit der Lösung. Pro Dreieck gibt es fünf
Kombinationen. Die Zahl mit dem Kreis wurde jeweils zuge-
deckt.

$$3 \times 8 = \boxed{24} \qquad 24 : 3 = \boxed{8}$$
$$\boxed{8} \times 3 = 24 \qquad 24 : 8 = \boxed{3}$$
$$\boxed{3} \times 8 = 24$$

Man kann auch hier Zahlen durch Lieblingswörter ersetzen, so
daß das Gehirn die Möglichkeit hat, weitere Assoziationen aufzu-
bauen. Bei diesen spielerischen Übungen auf dem Trampolin hat
das Kind einen offenen, weichen Blick.

7. Entspannungsübungen

Wenn Körper und Geist länger in angespanntem Zustand sind,
stellen sich Streßreaktionen ein. Das können rein körperliche
Beschwerden sein wie Kopfschmerzen, aber auch Störungen im
emotionalen und kognitiven Bereich. Enspannungsübungen

sind sehr hilfreich, um mentalen Streß abzubauen, Gefühle miteinander in Einklang zu bringen und körperliche Spannungen zu lösen.

Nachfolgend findest du einige kurze Entspannungsübungen, die du in den Alltag einbauen kannst. Sie eignen sich für die Lernpausen, als Unterbrechung bei der Computerarbeit und einfach für zwischendurch. Vielleicht wird eine der Übungen zu deiner Lieblingsübung. Je öfter du solche Übungen anwendest, desto schnellere und stärkere Wirkung wirst du spüren.

Gute Erfahrungen mache ich auch mit dem Trampolin. Kleine und Große genießen es, darauf zu hüpfen. Nach kurzem Hüpfen fühlt man sich erfrischt und wach. Viele Kinder haben glücklicherweise noch ein gesundes Bewegungsbedürfnis und holen sich auch oft spontan, was sie brauchen.

Im folgenden nun eine kurze Beschreibung der Übungen:

❖ *Stirn-Hinterkopf-Halten*

Lege im Sitzen oder Liegen eine Hand auf die Stirn und die andere über die Mitte des Hinterkopfes. Atme ruhig ein und aus. Denk an etwas, das dich streßt oder blockiert, das du aber loslassen möchtest. Stell dir die Situation als Film vor. Erinnere dich an das, was du gesehen, gehört und gefühlt hast. Während du Stirn und Hinterhaupt hältst, siehst du dir diesen Film an, bis die Gedanken zur Ruhe kommen. Nun kannst du dir vorstellen, wie die Situation anders aussehen könnte. Wie fühlt es sich an? Vor allem ist wichtig, daß du an dich glaubst – so kann die Übung viel leichter gelingen. Am Ende der Übung kannst du auf den beiden Stirnbeinhöckern, die sich über der Mitte der Augenbrauen befinden, ein gleichmäßiges Pulsieren spüren.

In Streßsituationen wird die Blutzufuhr zu den Bereichen im Vorderhirn, die mit bewußtem, assoziativen und kreativen Denken zu tun haben, gedrosselt, damit die hinteren Bereiche der Hirnrinde, wo Erinnerungen an vergangene Ereignisse gespeichert sind, voll reaktionsfähig sind. Offenbar kann man mit der Stirn-Hinterhaupt-Technik den Blutfluß im Gehirn verändern.

❖ *Schnelle Entspannungsübung*

Die Schnell-Entspannung hat eine zuverlässige und schnelle Wirkung. Sie hat das Ziel, negative Gedankenmuster rasch zu unterbrechen und Vorstellungen von Ruhe und Gelassenheit wirksam werden zu lassen.

1. Wenn du merkst, daß sich negative Gedanken in dir auszubreiten beginnen, dann befiehl dir ein klares und deutliches »Stopp!«
2. Richte dann deine Aufmerksamkeit auf deine Atmung und denke mit jedem Ausatmen das Wort »Ruhe« oder »ruhig«.
   Verzögerte Ausatmung: Das Ausatmen dauert deutlich länger als das Einatmen.
   Nach dem Ausatmen ergibt sich von selbst eine kleine Pause, bevor erneut das automatische Einatmen beginnt.
3. **Notfallpunkt**
   Der Notfallpunkt (Solarplexus-Punkt) befindet sich genau in der Mitte deiner Handflächen. Tut der Punkt beim Draufdrücken weh, ist das ein klarer Hinweis, daß du übermäßig angespannt bist. Drücke diesen Punkt links und rechts mehrere Male, bis du wahrnimmst, daß du dich besser und klarer fühlst. Der Notfallpunkt bringt Ruhe und hilft, wieder die Übersicht zu gewinnen, um dann Schritt für Schritt das Nötige zu tun.
   oder
   Ruhepunkt oder Dreifinger-Anker (wie beim Ankern beschrieben)
   Benutze deinen Ruhepunkt oder Dreifinger-Anker, um dich in den Zustand von Ruhe und Gelassenheit zu versetzen. Stell dir vor, an dem Ort zu sein, der für dich ein Symbol für Ruhe ist. Das kann ein Sandstrand, ein Berggipfel, die helle Lich-

tung in einem Wald oder ein ganz anderer Platz sein. Mache es dir dort bequem und entspanne dich – auch wenn es nur einige Sekunden sind.

❖ *Droschkenkutscherhaltung*

Diese Körperhaltung, die einst die Droschkenkutscher einnahmen, um sich bei Wartezeiten auszuruhen und zu entspannen, nutzt man auch im Autogenen Training. Hier ist eine kurze Entspannungsübung mit der Droschkenkutscherhaltung:

1. Setz dich locker hin mit leicht gespreizter Beinhaltung. Laß die Schultern hängen, entspanne auch den Kopf. Die Unterarme liegen auf den Oberschenkeln, die Hände läßt du zwischen den Beinen schlaff herunterhängen.
2. Atme ein paarmal tief ein und aus. Dann atmest du normal weiter und schließt die Augen.
3. Sage dir innerlich: »Ich bin ganz ruhig.« oder einfach das Wort »ruhig« oder »Ruhe«. Wiederhole das ein paarmal.
4. Mache die Faust und winkle die Arme an, Richtung Schulter. Strecke die Arme nach vorne – winkle sie wieder an – wiederhole das zwei- bis dreimal. Jetzt streckst du die Arme nach oben, streckst alle Finger und öffnest die Augen. Sag zu dir: »Ich bin wach und frisch.«

❖ *Kurzentspannung*

Diese Übung machst du ebenfalls im Sitzen. Du verschränkst die Hände hinter dem Kopf und drückst die Ellbogen weit nach hinten. Strecke nun dazu noch die Beine nach vorne, spanne die Muskeln an und drücke die Fußspitzen nach unten. Halte jetzt die Luft an, so daß die Bauchmuskeln angespannt sind. Bleibe in diesem Zustand und zähle in Gedanken bis fünf.

Atme aus und lasse Arme und Beine locker fallen. Bleib einen Moment lang in diesem angenehmen Zustand.

Alexander Lowen beschreibt in seinen Büchern, daß Konflikt-situationen Muskelverspannungen verursachen. Bleibt der Konflikt bestehen oder wird als ungelöster seelischer Konflikt gespeichert, kann es in den entsprechenden Körperstellen zu Muskelpanzerungen kommen. An diesen Stellen nimmt die Durchblutung ab, Muskelverspannungen und Hautverspannungen nehmen zu. Die Hauttemperatur kann sich verändern.

Nach seinen Erfahrungen gibt es typische Verknüpfungen zwischen Konflikten und Körperregionen. Konflikte, die mit »Ich muß...« zu tun haben, führen zu einer Anspannung des Hals- und Schulterbereichs. Sätze wie »Ich muß durchhalten.« »Ich muß es schaffen« erzeugen nicht nur mentalen, sondern auch körperlichen Druck, der bei den meisten Menschen im Hals-, Schulterbereich spürbar wird. »Ich muß...« hat meist mit Erwartungen, Forderungen der Umwelt zu tun oder mit Erwartungen an sich selbst, die man glaubt erfüllen zu müssen.

Verspannungen zwischen den Schulterblättern, die oft in den Brustbereich ausstrahlen, stehen für Herzangst und die Situation: »Ich will nicht.«

»Ich kann nicht« oder »Ich kann nicht mehr« führt zu Verspannungen im Bauch- und Lendenwirbelsäulenbereich. In östlichen Wettkampfsportarten nutzt man die Kraft, die vom Hara, das ist der Bereich unterhalb des Bauchnabels, kommt.

Du kannst bei dir selber oder bei den Kindern die Körperbereiche massieren, die mit dem entsprechenden Denkmuster verknüpft sind. »Ich muß«: Schulterbereich; »Ich will nicht«: (Angst) zwischen den Schulterblättern; »Ich kann nicht«: Bauch, unterer Rücken.

Die Übung »**Körper-Ritual**« habe ich entwickelt, um positive Aussagen oder starke Überzeugungen mit den entsprechenden Körperregionen zu verknüpfen:

»Ich entscheide mich...«
Rechte Hand auf linke Schulter und linke Hand auf rechte

Schulter legen. Ersetze einmal »Ich muß« mit »Ich entscheide mich...« und überprüfe, ob es dann wirklich noch immer diese Dringlichkeit hat. Du wirst feststellen, daß damit schon sehr viel Druck wegfällt, weil du das tust, wofür du dich wirklich entschieden hast, und damit auch die Verantwortung übernimmst.

Es werden dann natürlich einige Dinge bleiben, die trotz allem erledigt werden wollen. Wenn du aber auch hier die Formulierung brauchst »Ich entscheide mich, X zu tun«, kannst du einen neuen Rahmen setzen. »Wann will ich X tun; wie will ich X tun; wo will ich X tun; womit... mit wem...« Plötzlich merkst du, daß auch bei einer Aufgabe oder Sache, die wirklich erledigt werden will, Spielräume vorhanden sind. Also kannst du deine eigenen Spielregeln festlegen oder mit andern aushandeln und dann die Verantwortung dafür übernehmen.

Ein Beispiel dazu: Als Studentin **mußte** ich eine Diplomarbeit schreiben. Der Abgabetermin war festgelegt: 30. Oktober. Im Frühling habe ich mir ein Ziel gesetzt. »Ich entscheide mich, die Diplomarbeit bis zum 13. August fertigzustellen.« Ich habe mich also innerhalb des festgelegten Rahmens (Oktober) frei entschieden und mir ein anderes Ziel gesetzt (August). Ich habe mein persönliches Ziel sehr leicht erreicht, weil es mein eigener Entschluß war und ich meine Zeit optimal genutzt habe.

»Ich will...«

Die Hände gleiten von den Schultern zum Brustbereich und legen sich übereinander.

»Ich kann...«

Beide Hände auf dem Bauch.

»Ich tue...«

Eine Bewegung mit den Händen, z. B. die Hände aneinanderreiben als Symbol für:

Es kommt Bewegung in die Sache, Energie bereitstellen, aktivieren...

Beispiel: Thema Hausaufgaben

Statt viel Energie zu verschwenden mit: »Jetzt **muß** ich noch diese

136

doofen Hausaufgaben machen«, kann ich mir überlegen, wie ich es am besten mache und welches der optimale Zeitpunkt dafür ist.

Körperritual:
»Ich **entscheide** mich, die Hausaufgaben schnell und gut zu erledigen.«
    Die Hände auf die Schultern legen, Arme überkreuzen sich.
»Ich **will** die Hausaufgaben schnell und gut erledigen.«
    Beide Hände übereinander über dem Brustbereich.
»Ich **kann** die Hausaufgaben schnell und gut erledigen.«
    Beide Hände über dem Bauch.
»Ich **erledige** die Hausaufgaben schnell und gut.«
    Hände reiben, Energie mobilisieren.

8. Kommunikation mit dem Unbewußten

Wie wir im Laufe dieses Buches gesehen haben, spielt das Unbewußte beim Lernen eine eminente Rolle. Doch wie finden wir wirklich einen Zugang dazu?

In der **Huna-Lehre** habe ich eine sehr praxisnahe Anleitung gefunden, um mit dem Unbewußten – hier wird es unteres Selbst genannt – in Kontakt zu treten. Huna ist ein uraltes System aus Hawaii und heißt auf polynesisch »Geheimnis«. Henry Krotoschin beschreibt Huna als »eine philosophisch-religiös-psychologische Lehre und praktische Anweisung für eine neue, glücklichere und erfolgreichere Lebensführung.«[8]

In der Huna-Lehre unterscheidet man drei Selbste:
- das mittlere Selbst: der physische Mensch mit seinem Verstand
- das untere Selbst: das Unbewußte oder Unterbewußtsein
- das Hohe Selbst: das göttliche Geistwesen des Menschen, Schutzengel

Die Huna-Lehre bezeichnet das untere Selbst als Helfer, Freund, Wächter und Partner.

Es ist für folgende Funktionen und Tätigkeiten zuständig:
— die Steuerung sämtlicher nicht vom Willen kontrollierter Körpertätigkeiten
— die Emotionen
— psychosomatische Krankheiten
— Gedächtnisspeicher
— Telepathie
— Intuition
— Träume

❖ *Mit dem Unbewußten reden*

Nach der Huna-Lehre kann man am besten mit dem Unbewußten in Kontakt treten, indem man es in gewisser Weise personifiziert. Man gibt dem Unbewußten einen Namen und spricht es wie eine Person damit an. Im Buch *Huna-Praxis* gibt Henry Krotoschin dem Unbewußten den Namen »George«. In der Fliegerei heißt der Autopilot George.

Meinen Klienten schlage ich jeweils vor, sich den Namen vom Unbewußten schenken zu lassen. Mit der Bitte an das untere Selbst, daß es dir den Namen eingeben möge, mit dem es angesprochen werden möchte, kannst du beginnen. Vielleicht mußt du die Bitte ein paarmal vorbringen, je nachdem, welche Beziehung du bereits mit dem Unbewußten hast. Falls du schon häufig Eingebungen, plötzliche gute Einfälle, Blitzgedanken hattest und genau auf die feine innere Stimme und die Gefühle aus deinem Bauch heraus hörst, wird ein Name nach ein, zwei Tagen auftauchen. Menschen, bei denen die Ratio im Gegensatz zur Intuition im Vordergrund steht, müssen vielleicht etwas länger Geduld haben. Wenn der Name auftaucht, wirst du wissen, daß es der richtige Name ist für dein Unbewußtes, auch wenn der Verstand es vielleicht unlogisch findet. Der Name kann plötzlich beim Erwachen in deinem Kopf sein, dir aus einer Zeitungsseite entgegenspringen oder aus einem gesprochenen Satz herauspurzeln.

Nun kannst du anfangen, das Unbewußte mit dem Namen anzusprechen und mit ihm zu reden. Vielleicht kommt anfangs noch keine Antwort, aber mit ein bißchen Geduld wird es bald zu einem Dialog kommen. Du kannst »George« auch Aufgaben übertragen. Sehr beliebt – und es funktioniert bestens – ist, »George« den Auftrag zu geben, einen freien Parkplatz zu finden oder an einem bestimmten Ort einen Parkplatz freizuhalten.

Studenten können bei Prüfungen »George« den Auftrag geben, den Fragezettel zu ziehen, zu dem sie alle Antworten wissen. Natürlich können sie »George« auch bitten, Zugang zu allen Informationen zu bekommen, die sie zum Thema gelesen oder gehört haben.

Ich habe bei meinen Abschlußprüfungen an der Universität dieses Wissen angewendet und durch Autogenes Training verstärkt. Das Ergebnis war phänomenal.

Man kann »George« auch bitten, in einer Situation die Gefühle zur Verfügung zu stellen, die unterstützend sind. Vielleicht möchte ich ein klärendes Gespräch führen, eine Beziehung verbessern. Mit dem Verstand allein ist das meist nicht zu bewerkstelligen, weil die Emotionen durch das Unbewußte gesteuert werden. Ich kann aber »George« bitten, mein Ziel – ich nehme hier als Beispiel »Beziehung zu Person X verbessern« zu unterstützen, indem er mir Gefühle wie Mitgefühl, Selbstvertrauen, Liebe schickt.

Man kann tatsächlich eine ganz erstaunliche Erfahrung machen, wenn man beschließt, dem unteren Selbst oder Unbewußten einen Namen zu geben. Die Beziehung wird dadurch enorm verstärkt. Zwischen Ratio/Verstand und Intuition/Gefühlen entsteht ein Gleichgewicht. Vieles, was man früher erkämpft hat, wie Entscheidungen fällen, Ziele anpeilen, ist nun viel leichter zu erreichen.

Es tritt das »**Gesetz des geringsten Aufwandes**« in Kraft. Deebak Chopra beschreibt in seinem Buch *Die sieben geistigen Gesetze des Erfolgs* das Gesetz des geringsten Aufwandes folgendermaßen: »Dieses Gesetz beruht auf der Tatsache, daß die Intelligenz der

Natur mühelos, mit Leichtigkeit und absoluter Sorglosigkeit funktioniert. Es handelt sich um das Prinzip des geringsten Aufwandes und des geringsten Widerstandes und von daher um das Prinzip der Harmonie und Liebe.«[9]

❖ Visualisieren

Beim Visualisieren erschafft man Gedankenformen. Ein Gedanke erhält eine Form, wird zu einem geistigen Bild. Ein Prinzip in der Huna-Lehre besagt: »Energie folgt der Aufmerksamkeit.« Wenn ich also einem Gedanken Aufmerksamkeit zukommen lasse, fließt Energie, und ich erschaffe eine Gedankenform.

Auch die moderne Physik bestätigt, daß alles Energie ist. Der Physiker Jeremy W. Hayward schreibt: ». . . daß der Stoff, aus dem die Welt ist, eigentlich mit Energie angefüllter Raum ist, und die Dinge, die wir zu sehen meinen, sind Oberflächen in diesem Energie-Meer.«[10]

Nach der Huna-Lehre wirkt es unterstützend, um sich herum eine Lichtform zu visualisieren, die schützendes, heilendes, liebendes Licht ausstrahlt. Die Lichtform kann die Form einer Kugel haben, einer Pyramide, oder sie kann eiförmig sein. Wähle am besten die Form, die dir besonders gut gefällt.

Bei den Kindern ist die Form eines kegelförmigen Indianerzeltes, das Tipi heißt, sehr beliebt. Das Kind steht und visualisiert etwa in der Größe seiner ausgebreiteten Arme ein Tipi um sich. Es visualisiert zunächst ein richtiges Tipi mit Stangen und Stoff. Dann ersetzt es die Stangen durch starke Lichtstrahlen, die oben zusammenlaufen und nach oben weiterfließen. Es stellt sich nun einen goldenen Boden vor und Licht rundherum. Kinder erzählen, daß sie so ein sehr gutes Gefühl haben, ein Gefühl von Sicherheit und Selbstvertrauen.

Man kann das Licht-Tipi mit den Kindern als Morgen-Ritual einführen. Sie können sich jederzeit während des Tages das Licht-Tipi vergegenwärtigen, um in einen Zustand von Sicherheit,

Selbstvertrauen und Liebe zu gelangen. Meine Tochter visualisiert z. B. das Licht-Tipi, wenn sie auf der Geige vor Publikum spielen muß. Ein Mädchen visualisiert das Licht-Tipi beim Reiten. Es umgibt sich samt dem Pony mit dem Licht-Tipi. Gerade in Situationen, in denen das Pony manchmal erschrickt und mit dem Fluchtreflex reagiert, hat sich dies als sehr hilfreich erwiesen. Das Licht-Tipi beruhigt offenbar nicht nur das Mädchen, sondern auch das Pferd.

Die Lichtform kann man natürlich nicht nur für sich selbst visualisieren, sondern auch für jemand anderen.

Eltern machen sich häufig Sorgen um ihre Kinder. Das Sorgenmachen besteht aber meist aus negativen Bildern und Gedanken. Diese geistigen Bilder enthalten aber Energie und helfen eher, daß das Gefürchtete genau eintrifft. Wenn der Vater denkt: »Hoffentlich fällt mein Sohn nicht durch die Prüfung«, hat er gerade dieses Bild vor Augen.

»Hoffentlich schafft er die Prüfung« ist ebenfalls zweischneidig. Untersuchungen haben ergeben, daß Menschen beim Wort »Hoffnung, hoffen« immer zwei Bilder im Kopf haben: ein positives und ein negatives Ergebnis.

Statt des Sorgenmachens kann man sich als Eltern vorstellen, daß das Kind von einer Lichtform umhüllt ist, in der es geschützt ist, sicher, voller Selbstvertrauen und Zugang zu allem Wissen hat, das es jetzt gerade braucht.

Mütter haben mir berichtet, wie wohltuend es ist, auf diese Art etwas für ihr Kind zu tun. Eine Mutter hatte wochenlang Angst, daß der Sohn das Abitur nicht schaffe. Mit Ermahnungen und guten Ratschlägen konnte sie nichts ausrichten. Ich habe ihr empfohlen, sich mit einer Lichtform zu umhüllen, auch den Sohn in einer Lichtform zu visualisieren und Bilder von Erfolg und gutem Gelingen entstehen zu lassen. Sie hat mir mitgeteilt, daß sie selbst von diesem Zeitpunkt an viel ruhiger wurde. Der Sohn hat das Abitur mit einer überraschend guten Note bestanden.

❖ *Light-Mails*

Nach dem Huna-Denken sind wir wie mit unsichtbaren Fäden mit all den Menschen verbunden, mit denen wir jemals Kontakt hatten. Die Hand reichen oder einen Blickkontakt herstellen schafft demnach eine unsichtbare Verbindung. Diesen Faden kann man sich als Lichtstrahl vorstellen, der zwei Menschen über den Solarplexus (Nervengeflecht in der Bauchhöhle) verbindet. Auf diese Art kann man zum Unbewußten eines anderen Menschen Kontakt aufnehmen.

Man kann das eigene Unbewußte, also »George«, bitten, dem Unbewußten eines anderen Menschen eine Botschaft zukommen zu lassen. Man kann dies durch Visualisieren unterstützen; man stellt sich einen schönen Brief oder Wörter aus goldenen Buchstaben vor. Dann läßt man diese Botschaft vom Unbewußten über den Lichtstrahl zum Empfänger schicken. Ich nenne das Light-Mails (Licht-Meldungen). Man kann natürlich zusammen mit dem Unbewußten über den Lichtstrahl sogar ein Paket schicken. Angenommen, ich möchte einem Menschen auf diese Art Liebe schicken, so kann ich ein Symbol für Liebe visualisieren, vielleicht ein Herz oder schöne Blumen. Ich lege das Symbol in ein Paket und bitte »George«, Gefühle von Liebe hineinfließen zu lassen. Ich hülle das Geschenk in ein schönes Papier und binde ein schmuckes Band darum. Nun bitte ich »George«, das Geschenk auf dem Lichtstrahl zum Unbewußten des ausgewählten Menschen zu schicken. Und ich kann mich überraschen lassen, was sich verändert.

Oft kann es für die Beziehung zwischen Eltern und Kindern viel sinnvoller sein, wenn die Eltern auf diese Art Light-Mails und Ressourcepakete schicken, statt das Kind ständig zu ermahnen oder sich Sorgen zu machen. Auf dem Lichtstrahl kann ich dem Kind unterstützende Gefühle zukommen lassen, so daß es mit Mut, Vertrauen und Zuversicht seinen Weg gehen kann. Voraussetzung ist natürlich, daß sein Unbewußtes die Botschaft annimmt, was wieder von der Beziehung zwischen Eltern und Kind abhängt.

9. Geschichten/Fantasiereisen

Kinder, aber auch viele Erwachsene lieben Geschichten. Sie eröffnen eine Bilderwelt und bringen uns mit Stimmungen und Gefühlen in Kontakt. Geschichten fördern die Kreativität und die Fantasie. Wir können Geschichten selbst erfinden und solche Elemente einbauen, daß die Geschichten Mut machen und das Selbstvertrauen stärken. Im nachfolgenden stelle ich eine Möglichkeit vor, wie man Geschichten leicht und spielend erfinden kann.

❖ *Geschichten erfinden*

Wenn man damit anfängt, Geschichten zu erfinden, kann es sehr hilfreich sein, eine Struktur (Gerüst) für die Geschichte zu haben und sie dann mit Inhalten zu füllen.

Erfinde eine Geschichte mit folgender Struktur:

- **Die Heldin der Geschichte ist ...**
  Die Figur beschreiben: Aussehen, Alter, Persönlichkeit ...
  Es kann natürlich auch ein Held sein. Die Zuhörer dürfen wählen.
- **Sie lebt ...**
  Ort beschreiben.
- **Sie liebt es ...**
  Lieblingstätigkeiten, Hobby, Ressourcen ...
- **Sie hat ein Problem ...**
- **Sie macht sich auf den Weg, um eine Lösung zu finden mit ...**
  Die Geschichte vermittelt dem Zuhörer, daß es für das Problem eine Lösung gibt. Es gibt einen oder mehrere Wege, Lösungen zu finden und Ziele zu erreichen.
- **Sie begegnet ...**
  Wenn wir offen dafür sind, begegnen uns Menschen, Tiere, Dinge, die uns unterstützen können.

- **Gemeinsam finden sie eine Lösung . . .**
  Der Zuhörer erhält die Botschaft, daß Ziele manchmal im Team leichter zu erreichen sind.
- **Danach ändert sich . . .**
  Ein Denkmuster, ein Gefühls- oder Verhaltensmuster. Das ist Lernen mit Zauberkraft.

Für die Inhalte kannst du farbige Zettel schreiben und sie in acht verschiedene Säckchen füllen oder sie nach Farben geordnet auf dem Tisch auslegen. Eine beliebig große Gruppe kann miteinander eine Geschichte gestalten. Eine Person nach der anderen zieht einen Zettel und spinnt den Faden der Geschichte weiter.

Auch Kindern macht es sehr viel Spaß, auf diese Art Geschichten zu erfinden.

Hier einige Anregungen, die natürlich beliebig abgeändert werden können:

Die Heldin der Geschichte ist . . .
Ein Mädchen, eine Frau, eine Zauberin, eine Erfinderin, eine Bäuerin, eine Prinzessin, eine Bettlerin, eine Verkäuferin, eine Hexe, eine Weltenbummlerin, eine Lehrerin, eine Künstlerin, eine Musikerin, eine Fotografin, eine Tänzerin . . .

Sie lebt . . .
auf einem Bauernhof, in einem Schloß, auf einem Schiff, auf einem fremden Planeten, in einem Wolkenkratzer, in einer Höhle, am Strand, im Wald, in einer Baumhütte, in einem Wohnwagen, auf einer Wolke, auf einem Berg, auf einer kleinen Insel, unter einer Brücke, auf einem Leuchtturm, in einem Zelt . . .

Sie liebt es . . .
zu faulenzen, zu lesen, knifflige Aufgaben zu lösen, zu träumen, zu spielen, zu tanzen, allein zu sein, zu musizieren, zu reiten, Geschichten zu erzählen, Quatsch zu machen, auf Bäume zu klettern, zu lachen, zu reisen, Rollschuh zu fahren, Fahrrad zu fahren, sich Rätsel auszudenken . . .

Sie hat ein Problem . . .
Angst vor Püfungen, kann nicht lachen, keine Kraft, niemand

versteht sie, ist traurig, hat Heimweh, kann sich an nichts mehr erinnern, hat kein Geld mehr, will jemanden finden, muß ein Rätsel lösen, traut sich nichts zu, hat Angst vor neuen Dingen, Streit mit der Freundin, sucht einen Schatz, ist verletzt, hat den Schlüssel verloren, hat sich verirrt, alles geht schief, hat keinen Lebenstraum ...

Sie macht sich auf den Weg, um eine Lösung zu finden mit ... einem Bus, dem Zug, auf einem fliegenden Besen, einer Wolke, dem nächsten Windstoß, einem Heißluftballon, einem Pferd, einem Flugzeug, Rollschuhen, einem Sonnenstrahl, dem Fahrrad, Autostopp, zu Fuß, einem fliegenden Teppich, einem Motorrad, einem Ufo ...

Sie begegnet ...

einer weisen Frau, einem Clown, einem Riesen, einem Mädchen, einer Indianerin, einer Zauberin, einer Hexe, einer Fee, einem außerirdischen Wesen, einem Wurzelmännchen, einer Elfe, einem Löwen, einem weißen Pferd, einem Adler, einer Bärin, einem Prinzen, einer Erfinderin, einer Geschichtenerzählerin, einem Delphin ...

Gemeinsam finden sie eine Lösung ...

in einer Höhle, in einem Wald, bei einem Wasserfall, in einem verzauberten Dorf, auf einer Zauberwolke, an einem mythischen Ort, bei einem Lagerfeuer, auf einem Turm, in einem Indianerzelt, bei sprechenden Tieren, in einem Zauberbuch, bei einer Quelle, in einen Stein geritzt, durch einen Gedankenblitz, in einem versiegelten Brief, in einem Labyrinth, hinter einer Geheimtür, in einer Muschel, und entdecken ein altes Geheimnis, in einem Plan, und müssen plötzlich lachen ...

Danach ändert sich ...

das Denken, die Energie, der Freundeskreis, der Wohnort, der Gebrauch von Wörtern, die Körperhaltung, Bilder im Kopf, die Kleidung, die Zimmereinrichtung, die Gewohnheiten beim Lernen, das Gefühl zu anderen, das Lebensgefühl, das Selbstvertrauen, die Energie, die Art, an Probleme zu denken, die Lieblingsbeschäftigung, das Träumen, das Lebensziel ...

Varianten

- Das Kind darf die Inhalte frei wählen. Es sucht aus dem Angebot etwas aus oder erfindet selbst etwas. Der Erwachsene macht daraus eine Geschichte.
- Du kannst auch nach dieser Struktur eine therapeutische Geschichte für ein Kind gestalten. Du wählst eine Hauptfigur, die das gleiche Problem hat wie das Kind. Die Heldin oder der Held findet eine Lösung für das Problem mit der Unterstützung eines Helfers. Das einschränkende Muster verändert sich. Das Ziel ist erreicht.

Mit dieser Art von Geschichten bietet man dem Kind eine mögliche Hilfestellung. Bewußt oder unbewußt fragt sich das Kind. »Was hat das mit mir zu tun?«

Die Lösung in der Geschichte muß nicht der Wirklichkeit entsprechen. Vielmehr wird ja der Gedanke beim Kind gesät, daß es Lösungsmöglichkeiten gibt. Wichtig dabei ist, Raum für eigene innere Bilder, eigene Interpretationen und Lösungen zu schaffen.

Nachfolgend findest du ein paar Geschichten und Fantasiereisen, die ich für Kinder geschrieben haben. Du kannst sie erzählen oder vorlesen. Vielleicht inspirieren sie dich, selbst Geschichten zu erfinden.

Die Reise zu den Farbwolken

Bevor du auf die Reise gehst, kannst du dir ein Ziel aussuchen, das du gern erreichen möchtest. Formuliere einen kurzen, positiven Zielsatz. Vielleicht möchtest du eine neue Fähigkeit entwickkeln, optimieren oder ein neues Verhalten lernen. Du kannst die Reise zu den Farbwolken aber auch ohne ein bestimmtes Ziel machen. Du kannst dich einfach überraschen lassen, was auftaucht und was dir auf deinem Weg begegnet.

Mach es dir so bequem wie möglich. Du kannst deine Augen

sanft schließen. Du wanderst durch eine wunderschöne Landschaft. Vielleicht ist es ein Strand mit weißem, feinem Sand und tiefblauem Wasser oder du bist lieber in den Bergen oder auf einer Blumenwiese. Wähle dir die Landschaft aus, in der du dich wohlfühlst. Suche dir einen besonders schönen Platz aus, wo du dich hinsetzen kannst.

Während du um dich schaust, siehst du eine rote Wolke näherkommen. Sie hüllt dich sanft ein. Du kannst von dieser roten Energiewolke einatmen. Das Rot erfüllt dich mit Kraft und Stärke, Energie und Ausdauer.

Die rote Wolke zieht weiter, und schon taucht eine orangefarbene Wolke auf. Auch sie hüllt dich ganz ein und versetzt dich in einen Zustand von warmer, heiterer Offenheit. Du atmest Orange ein, und es fließt genau zu den Körperstellen, wo es diese heilende Farbe im Moment braucht.

Nun taucht eine gelbe Wolke auf und hüllt dich ein. Sie verhilft zu guten Ideen, löst Gedankenblitze aus und läßt dich experimentierfreudig werden.

Die gelbe Wolke wird von einer schönen blauen Wolke abgelöst. Sie umhüllt dich wie ein angenehmer schützender Mantel. Das Blau wirkt heilend und fließt genau an die Körperstellen, wo diese heilende Energie vonnöten ist.

Nun taucht eine grüne Wolke auf, die besänftigend und beruhigend wirkt. Diese Farbwolke kann auch erfrischend wirken. Atme so viel davon ein, wie du brauchst.

Zum Schluß taucht eine violette Wolke auf. Sie verzaubert die ganze Landschaft, und du hast Zugang zu anderen Welten. Aus der Wolke taucht eine Gestalt auf, die eine Botschaft für dich hat. Vielleicht ist es ein weiser Mensch, eine Fee, eine Zauberin oder ein Tier, das dir eine besondere Fähigkeit bringt.

Du erinnerst dich an dein Ziel. Von der Gestalt kannst du erfahren, wie du das Ziel mit Leichtigkeit erreichen kannst. Sie bringt dich in Kontakt mit einer Fähigkeit, die du dazu brauchst. Vielleicht gibt sie dir ein Geschenk mit auf deinen Weg. Du kannst dieses Wesen alles fragen, was du jetzt wissen willst.

Nimm dir einfach die Zeit, die du brauchst. In dir wächst die Gewißheit, daß du dein Ziel erreichen willst und kannst. Du spürst die Kraft, vorwärts zu gehen, und die Freude, bereits am Ziel zu sein.

Bedanke dich bei dieser Gestalt. Du weißt, daß du jederzeit den Weg zu den Farbwolken nehmen kannst. Du kannst dir Wissen und Kraft holen für alle Ziele, die du erreichen willst. Du kannst Antworten in Form von Bildern, Ideen, Gedanken und Gefühlen bekommen.

Es kann sein, daß bei jeder Reise zu den Farbwolken die gleiche Gestalt auftaucht oder ein Tier, das immer mehr zu deinem Krafttier wird. Laß es einfach geschehen und genieße es.

Nun zähle von eins bis drei. Bei drei öffnest du die Augen, fühlst dich frisch und munter und voll Kraft und Zuversicht.

Der Zaubersack

Mach es dir so bequem wie möglich. Und während deine Beine und Arme vielleicht noch den Platz suchen, wo sie sich wohlfühlen, spürst du, wie du ruhig ein- und ausatmest. Es kann sein, daß du Lust hast, deine Augen zu schließen, um leichter innere Bilder in dir aufsteigen zu lassen. Vielleicht fühlt sich dein Körper leicht oder angenehm schwer an; und du kannst neugierig sein, wie schnell sich dieses Gefühl im Körper ausbreitet. Du kannst beginnen loszulassen. Und während dein Körper sich mehr und mehr entspannt, kannst du eine kleine Reise machen.

Laß vor deinem inneren Auge eine Landschaft mit einem Wald auftauchen. Du spazierst durch diesen Wald. Es ist ruhig. Und vielleicht hörst du in dieser Ruhe manchmal einen Vogel singen. Sonnenstrahlen dringen durch das Blätterwerk.

Du gehst einen kleinen, schmalen Weg. Du fühlst dich wohl und sicher in diesem Wald. Irgendwann auf deinem Weg fällt dir ein Baum besonders auf. Neugierig trittst du näher, und du entdeckst einen dunklen Sack, der an dem Baum hängt. Verwundert liest du, was da in klaren Buchstaben steht. »Wirf all deine Ängste, deine Wut, deine Sorgen hinein!«

Vielleicht brauchst du eine gewisse Zeit, um zu entscheiden, wovon du dich trennen willst. Es kann sein, daß Situationen auftauchen, die du nicht mehr auf die gleiche Weise erleben möchtest. Du wirfst all das hinein, was du ausgewählt hast, bis du frei von negativen Gefühlen bist.

In all diesen Situationen hast du auch etwas gelernt. Bewahre dieses Wissen an der Stelle in dir auf, wo du positive Lernerfahrungen aufbewahrst.

Du kannst den Sack nun zubinden. Es kann sein, daß du Lust hast, an diesen Sack zu schlagen, zu boxen, bis er zerfetzt auf den Boden fällt. Erlaube dir, wenn du möchtest, dazu zu rufen, zu schreien – oder was auch immer.

Die Teile auf dem Boden kannst du mit den Füßen zerstampfen, bis nur noch kleinste Teilchen übrigbleiben. Du kannst diese winzigen Teilchen im Boden vergraben, sie in den nahegelegenen Bach streuen oder dem Wind übergeben. Dabei fallen dir kleine besonders kostbare Teilchen auf. Vielleicht unterscheiden sie sich von den andern durch ihre bestimmte Form oder einen besonderen Glanz. Und du fängst sorgfältig an zu suchen, welche Teilchen du behalten möchtest, bevor du sie dem Boden, dem Wasser oder dem Wind übergibst.

Du gehst nun befreit weiter. Genieße das neue Gefühl. Eine gewisse Lebendigkeit breitet sich aus. Vielleicht spürst du sie an einer besonderen Stelle im Körper.

Der Weg wird breiter, und die Sonne dringt durch die Blätter und verströmt ihr Licht. Vielleicht hast du Lust zu laufen, zu tanzen, zu rufen, zu jauchzen. Tu einfach das, wozu du Lust hast.

Du erreichst eine schöne Wiese in einer Waldlichtung. Die Sonne strahlt hell vom blauen Himmel. Du kannst die Wärme auf deinem Körper spüren. Und während du auf der Wiese umhergehst und die Farben und Düfte der Blumen wahrnimmst, fällt dir der Baum in der Mitte der Wiese auf. Du gehst näher und entdeckst zu deinem Staunen, daß an dem Baum viele Säckchen in vielen verschiedenen Farben hängen. Und während du diese farbigen Säckchen betrachtest und über ihre Bedeutung nachdenkst, siehst du in der Ferne eine Gestalt, die langsam näherkommt. Es kann sein, daß sie dir irgendwie vertraut und doch neu vorkommt. Du spürst, daß du Vertrauen zu diesem Wesen haben kannst.

Das Wesen, vielleicht ist es eine Fee oder eine Zauberin, begrüßt dich freundlich und erzählt dir das Geheimnis dieser farbigen Zaubersäckchen. Du kannst dir einen Zaubersack aussuchen und all deine positiven Erlebnisse, deine Fähigkeiten, kurz alles, was du gut kannst und dir Freude macht, hineinfüllen. Im Zaubersack vermehren sie sich. Du bist überrascht und erstaunt, wie schnell sich der Sack füllt mit all deinen Stärken, Fähigkeiten, guten Gefühlen – und sich dennoch leicht anfühlt.

Bevor du den Zaubersack mit einer farbigen Schleife zubindest, bekommst du von diesem freundlichen Wesen ein Geschenk. Vielleicht ist es etwas, das du schon lange suchst, ersehnst, vielleicht eine Fähigkeit, ein inneres Wissen, ein Symbol. Du nimmst dieses Geschenk dankbar an. Vielleicht hast du nun Lust, dich neben den Zaubersack auf der Wiese hinzulegen. Die Sonne wärmt deinen Körper. Schmetterlinge tummeln sich.

Langsam gleitest du ins Traumland. Das freundliche Wesen breitet den Zaubersack über dich aus – wie Blumen in allen Farben und Düften. Und während dein Körper diese positiven Gefühle und Fähigkeiten aufnimmt, spürst du, wie sie sich vermehren, neue dazukommen, sich neu zusammensetzen und um vieles stärker werden. Du spürst neue Kraft und Zuversicht in dir. Und eine innere Gewißheit taucht auf, daß du alles in dir hast, was du brauchst. Nimm dir Zeit, dieses Erlebnis zu genießen.

Nun kommst du in deinem Tempo und auf deine Art und Weise in diesen Raum zurück. Du fühlst dich erfrischt und auf neue, angenehme Weise gestärkt.

Der Zauberstein

Marina hüpft über die Bachsteine. Sie wählt sorgfältig aus, auf welchen großen Stein sie als nächstes ihren Fuß setzen will. »Elf, zwölf, dreizehn...« murmelt sie vor sich hin. »Wenn ich genau zwanzig Steine brauche bis zu meinem Lieblingsstein, dann schaffe ich morgen die Prüfung«, denkt sie. Sie nimmt ein paar große Schritte, überhüpft Steine und landet tatsächlich auf ihrem einundzwanzigsten großen Stein. Es ist eigentlich eine Felsplatte mit einer glatten Oberfläche, auf der sie sogar bequem liegen kann. Hier fühlt sich Marina wohl und geborgen. Manchmal nimmt sie eine Freundin mit, aber am liebsten kommt sie allein. Dann kann sie auf dem Stein liegen, die Wolken beobachten und träumen. Manchmal fliegt sie mit einer Wolke im Traum über die Erde und erlebt wundervolle Dinge.

Wenn Marina genug hat von der Schule, und das ist sehr oft der Fall, kommt sie am liebsten hierher oder geht ins Schwimmbad. Wasser ist ihr Lieblingselement. Sie liebt es zu schwimmen, zu tauchen und Kopfsprünge zu machen.

Marina sitzt auf ihrem Stein und schaut um sich. Etwas weiter unten ist eine Badestelle, wo man gut schwimmen kann. Das ist ein besonderes Vernügen in der warmen Jahreszeit. Manchmal, wenn Marina auf dem Stein sitzt und nur das Murmeln des Baches hört, hat sie das Gefühl, als ob der Bach ihr eine Geschichte erzählte würde. Wenn es ihr nicht so gut geht, wie jetzt gerade, hört sie auf die Geräusche des Wassers und spürt dann etwas Tröstendes.

In der Schule ist Marina häufig angespannt. Sie hat immer wieder Angst, es nicht zu schaffen. Und wenn eine Prüfung vorbei ist, geht es mit neuem Stoff wieder weiter. »Ich kann das nicht!« ist der Satz, den sie während der Schule am häufigsten denkt. Komischerweise denkt sie das aber nie, wenn sie im Wasser ist, auch nicht, wenn sie neue Sprünge ausprobiert.

»Wenn die Schule hier wäre im Bachbett und ich auf meinem

Stein sitzen könnte, würde es mir sicher viel leichter fallen«, denkt Marina. Da fällt ihr Blick auf einen kleinen, runden Kieselstein.

Er glänzt leicht in der Sonne. Marina bückt sich, um ihn aufzuheben. Er liegt sehr angenehm in der Hand und fühlt sich überraschend weich an. Er ist rund und fast ganz weiß; drei feine graue Streifen durchziehen eine Seite. Marina rollt den Stein in der Hand hin und her und spürt ein angenehmes Gefühl. Sie blickt auf und sieht die vielen Steine im Bachbett und das Wasser, das sich zwischen den Steinen durchschlängelt. Am Ufer stehen Büsche und Bäume. Und wieder hört sie die Geräusche des Wassers deutlicher als vorher. Sie hält ihren Stein in der Hand und fühlt sich einfach gut.

Neue Bilder tauchen auf. Sie steht oben auf dem Sprungbrett und weiß, daß sie im nächsten Augenblick springen wird. Sie spürt Kraft und Energie in sich und stößt im nächsten Moment ab. Strahlend schwimmt sie ans Ufer »Ich bin stark!« singt es in ihr.

Sie drückt den Stein etwas fester und murmelt: »Ich bin stark!« Und plötzlich schreit sie es laut: »Ich bin stark!« und nochmals »Ich bin stark!«.

Es ist ein überwältigendes Gefühl. Zufrieden stopft Marina den Stein in ihre Hosentasche, steht auf und hüpft über die Steine davon.

Zum Einschlafen hält sie den Stein in der Hand. Das wohlige Gefühl taucht schnell im Bauch auf und breitet sich im Körper aus. Sie träumt von einem wunderschönen Strand mit weißem Sand. Sie springt über die Wellen und lacht. Sie läßt sich von den Wellen umspülen und tragen. Ein angenehmes Gefühl von Leichtigkeit ist am Morgen noch da, als sie erwacht.

Mit dem Stein in der Hosentasche geht sie zur Schule. Sie spürt, daß irgend etwas anders ist. Jedesmal wenn sie den Stein in der Hand hält oder in der Tasche heimlich berührt, spürt sie ein angenehmes Gefühl im Bauch, das immer länger anhält. Mit diesem neuen Gefühl macht sie die nächste Prüfung, und mit dem

Resultat ist sie sehr zufrieden. »Ich bin stark!« erklingt eine Stimme in ihr.

Heute rennt sie zu ihrem Lieblingsplatz. Sie kann es kaum erwarten, ihrem großen Stein von ihrem Erfolg zu erzählen. Sie vertraut dem Stein ihre Geheimnisse an. Und das ist sicher: Er ist verschwiegen wie ein Stein.

In der folgenden Nacht hat Marina einen merkwürdigen Traum. Sie steht in einem Zimmer, das sie nicht kennt. Am Pult sitzt ein Mädchen, das sie noch nie gesehen hat. »Ich kann das einfach nicht!« stöhnt das Mädchen. Marina kann gut mitfühlen. Nicht lange ist es her, da hatte sie auch solche Gefühle. Sie spürt den Stein in ihrer Hand und reicht ihn dem Mädchen. »Da nimm, das ist ein Zauberstein. Er hilft dir, stark zu sein!« Das Mädchen ergreift den Stein völlig verwundert.

Am anderen Morgen erwacht Marina. Sie sieht noch deutlich das Mädchen und das Zimmer vor sich. Sie tastet im Bett nach ihrem Stein. Er ist nirgends zu finden. Aufgeregt untersucht Marina das ganze Bett, kriecht fast unter das Bett. Aber der Stein ist nicht zu finden. »Ich habe ihn Zauberstein genannt und dem Mädchen geschenkt. Aber das war doch ein Traum.« Marina versteht das nicht.

Sie sucht im Bachbett einen gleichen Stein. Vergebens. Nach einigem Suchen fällt ihr Blick auf einen hellgrauen ovalen Stein. Er ist glatt geschliffen, hat zwei weiße Punkte und fühlt sich angenehm an. Sie will ihn schon wieder wegwerfen, als sie eine feine Stimme hört: »Jeder Stein kann ein Zauberstein sein. Du machst ihn selbst zum Zauberstein, wenn du gute Gefühle hineinzauberst.« Verblüfft hält Marina inne. Wer hat gesprochen? Ein Mensch oder der Stein? Sie hat es ganz deutlich gehört. Sie ist aber ganz allein da, und der Stein liegt ruhig in ihrer Hand. Sie setzt sich auf ihre große Felsplatte. »Gute Gefühle hineinzaubern«, denkt sie.

Sie schaut alles um sich genau an: ihre Felsplatte, die vielen Steine, Bäume, das Wasser. Sie hört das Murmeln des Wassers, und das gute Gefühl wird stärker. Sie drückt den Stein in ihrer

Hand. Wie das letzte Mal tauchen nun auch Bilder auf vom Schwimmen, Tauchen, auch das Lachen der Freundinnen. Sie macht die Augen zu, um die Bilder noch besser zu sehen. Es ist ein gutes, starkes Gefühl, das sie so in den Stein zaubert.

In der Schule fühlt sie sich von Tag zu Tag wohler. Gleichzeitig merkt sie auch, daß sie ruhiger ist und besser denken kann. Immer öfter taucht der Satz auf: »Ich bin stark!«. Manchmal tönt er ganz leise und fein in ihr drin, manchmal singt es in ihr. Es kommt sogar vor, daß sie ihn laut ruft, während sie von Stein zu Stein hüpft.

Auch die Umgebung merkt, daß sich Marina verändert. Die Eltern freuen sich, daß Marina viel häufiger lacht und die Schule ganz anders anpackt. Aber Marina hütet ihr Geheimnis.

Und wieder hat sie einen eigenartigen Traum. Sie geht im Wald spazieren. Plötzlich hört sie ein Jaulen, wie von einem kleinen Hund. Vor einer Höhle liegt ein kleiner Fuchs und scheint sehr unglücklich zu sein. Ganz spontan legt sie ihren Zauberstein in die Nähe des Fuchses und beobachtet, was geschieht. Der kleine Fuchs schleicht sich an und schnuppert am Stein. Er legt den Kopf darauf, schließt die Augen und wird ganz still.

Als Marina die Augen öffnet, ist sie überhaupt nicht überrascht, daß sie ihren Zauberstein nicht mehr findet. »Ich suche mir heute einen neuen und zaubere gute Gefühle hinein«, denkt sie. Auf dem Weg zum Bach hat sie vor allem ein gutes Gefühl im Bauch, wenn sie an den kleinen Fuchs denkt, dem es jetzt gut geht mit ihrem Zauberstein.

Plötzlich hat sie die Idee, ihrer Freundin das Geheimnis mit den Zaubersteinen zu verraten und ihr gleich einen besonders schönen mitzubringen. Sie schlendert durch das Bachbett und sucht einen passenden Stein. Ihr Gesicht spiegelt sich im Wasser. Sie schaut es fasziniert an. Die Augen funkeln. »Wie zwei Zaubersteine!« kommt es ihr in den Sinn. Und da weiß sie, daß sie für sich keinen Zauberstein mehr braucht. Ihre Augen sind zu Zaubersteinen geworden. Jetzt kann sie anfangen, die Welt zu verzaubern.

Lara und der Zauberball

*

Lara wohnt seit einer Woche mit ihren Eltern in einer neuen Stadt. Neben dem Haus gibt es einen großen Spielplatz. Sie ist schon ein paarmal dort gewesen und hat den Kindern zugeschaut. Aber niemand hat sie gefragt, ob sie Lust habe, mitzuspielen. Und Lara traut sich nicht zu fragen.

Nun sitzt sie auf der Treppe im dritten Stock. Sie kauert auf der Treppe, den Kopf in den Händen vergraben. Sie fühlt sich so klein und allein. Noch schlimmer wird aber das Gefühl, wenn die Kinder rundherum spielen. Darum will sie nicht hingehen. Plötzlich hört sie ein Tap-tap-tap. Dann spürt sie etwas Weiches im Rücken. Sie schaut hinter sich und sieht einen regenbogenfarbenen Ball. Sie packt ihn und dreht ihn in ihren Händen, um all die Farben anzuschauen. Während sie den Ball in der Hand hat, verflüchtigt sich das traurige Gefühl. Sie steht auf und läuft mit dem Ball auf den Spielplatz. Sie wirft den Ball in die Luft und fängt ihn auf. Er funkelt so schön in der Sonne.

Später trägt sie ihn wie einen kostbaren Schatz nach Hause.

In der Nacht hört sie ein Tap-tap-tap. Der Ball hüpft allein im Zimmer. Bei jedem Tap wird er etwas größer. Lara schaut verwundert zu, wie der Ball wächst. Jetzt ist er etwa so groß wie sie. Er hält still und sagt: »Setz dich auf mich. Wir machen eine Reise!« Lara sitzt mit offenem Mund in ihrem Bett. Ihr Ball kann wachsen und reden. »Ich kann nicht aufsteigen. Du bist viel zu groß!« sagt sie. Da verändert der Ball einfach seine Form und sieht plötzlich mehr aus wie eine große Luftmatratze. Lara klettert darauf und streckt sich aus. »Los geht's!« sagt das Ding unter ihr und schwebt aus dem Fenster. Lara bekommt ein bißchen Angst, und sie hält sich fest. Nach kurzer Zeit merkt sie aber, daß ihr »Ball« ganz ruhig durch die Luft fliegt, und sie fängt an, es zu genießen. Der Vollmond scheint hell auf die Landschaft. Lara legt sich auf den Rücken und schaut in die Sterne. »Vielleicht fliegen wir zu einem Stern. Das wäre toll!« denkt Lara. Plötzlich hat sie das

Bedürfnis, ihrem »Ball«, der ja nicht mehr ein Ball ist, einen Namen zu geben. Es tauchen viele Namen in ihrem Kopf auf. Aber keiner paßt.

Plötzlich sagt das Luftkissen unter ihr: »Ich bin Ariel!« Lara staunt nur. Etwas später geht die Sonne auf, und sie erlebt ein wunderschönes Farbenspiel am Himmel.

Nun beginnt Ariel tiefer zu fliegen. Sie kreisen über einem Spielplatz. Lara hat das Gefühl, daß Ariel etwas vorhat. Plötzlich taucht er in die Tiefe und landet neben einem kleinen Jungen, der allein am Rand des Spielplatzes steht. »Steig auf und mach mit uns eine Reise!« sagt Ariel.

Der Junge schaut ganz verdutzt drein, und Lara streckt ihre Hand aus. Er klettert an Bord und noch bevor die anderen Kinder mit lautem Geheul heranstürmen, weil sie auch mitfliegen wollen, erhebt sich der »Ball«.

Der Junge klammert sich ängstlich an das Luftgefährt. Lara beobachtet ihn. Er ist etwa gleich groß wie sie. Und er sieht ziemlich verloren aus, wahrscheinlich wie sie auch. Sie gibt sich innerlich einen Ruck und sagt: »Du brauchst keine Angst zu haben. Ariel fliegt ganz ruhig. Übrigens heiße ich Lara.« Lara hält inne und ist überrascht über sich selbst. Er blickt sie interessiert an und sagt: »Ich bin Fabio. Wer ist Ariel und wohin fliegen wir?« »Ich habe keine Ahnung, wohin wir fliegen. Ariel heißt das Luftkissen, auf dem wir fliegen. Ursprünglich war es ein Ball, dann hat es sich verwandelt. Er hat mir seinen Namen gesagt. Aber jetzt bin ich nicht mehr ganz sicher, ob ich das nur geträumt habe.« Schweigsam sitzen sie nebeneinander und schauen hinunter.

Sie fliegen über Wälder, Felder und Dörfer. Irgendwann erblicken sie das Meer. Ariel fliegt tiefer, und die Kinder sehen einen weißen Strand mit Pinien. Das Meer ist tiefblau. Lara freut sich. Sie ist noch nie am Meer gewesen. Ariel landet auf dem weißen Sand. Lara und Fabio sind unschlüssig, was sie tun sollen. Sollen sie absteigen? Sie haben keine Ahnung, wo sie sind. Ihre Gedanken werden unterbrochen von einer angenehmen weiblichen Stimme: »Willkommen! Ich bin die Fee Smeralda. Wir warten noch auf vier Kinder. Dann sind wir vollzählig und können anfangen.« Lara schaut die Fee an und begegnet einem liebevollen, warmen Blick. Ein angenehmes Gefühl durchströmt ihren Körper, und sie weiß in dem Augenblick, daß sie gut aufgehoben ist. Erst jetzt merkt sie, daß unter den Pinien einzelne Kinder sitzen. Alle schauen erwartungsvoll zu Smeralda.

In dem Augenblick tauchen zwei weitere Luftkissen am Himmel auf und steuern auf sie zu. Ein paar Minuten später begrüßt die Fee die vier Kinder. Nun ruft die Fee Smeralda alle Kinder zu sich.

»Ihr wundert euch, warum ihr hier seid. Ihr seid alles Kinder, die einsam und traurig sind. Ihr erlebt die Welt als bedrohlich. Und dabei merkt ihr nicht, daß alles in euren Köpfen entsteht. Hier ist die Schule des Wünschens. Heute ist der Tag, an dem ihr lernen könnt, wie ihr die Welt erschaffen könnt, in der ihr leben wollt. Dazu braucht ihr eure Vorstellungskraft. Eure Aufgabe ist es, euch ein genaues Bild zu machen von dem, was ihr haben wollt. Sobald ihr eine klare Vorstellung habt, sagt ihr ›Smeralda‹. Euer Wunsch wird sogleich Wirklichkeit werden. Überlegt euch aber gut, was ihr erschaffen wollt. Was ihr einmal erschaffen habt, könnt ihr nicht rückgängig machen.«

Kaum hat Smeralda fertig gesprochen, verschwindet sie. Der Platz, an dem sie eben noch gestanden hatte, ist leer.

Die Kinder schauen sich verblüfft an. Das ist eine schwierige Aufgabe. Sie alle sind es gewohnt, daß andere für sie wählen und entscheiden. Lara beobachtet die anderen Kinder. Das ist etwas, das sie gut kann. Was sich wohl die anderen wünschen, denkt sie. Sie überlegt sich gar nicht, was sie sich wünscht. Das ist für sie ein ungewohnter Gedanke. Sie denkt häufiger an Dinge, die schief laufen können. Plötzlich hört sie ein Mädchen laut lachen und sieht, wie es eine Banane in der Hand hält. »Es funktioniert wirklich. Ich habe mir ganz fest eine Banane vorgestellt und dann Smeralda gesagt. Hier ist die Banane!« Das Mädchen hält die Banane hoch und strahlt. Lara sieht, wie nun auch plötzlich vor anderen Kindern Dinge auftauchen: ein Apfel, Brot, Getränke, ein Hamburger, Eis. Ein Junge hält verblüfft eine große Torte in den Händen. Lara spürt, daß auch sie Hunger hat. Sie stellt sich verschiedene gute Sachen zum Essen vor. Aber jedesmal zögert sie, das Wort »Smeralda« zu sagen, weil sie nie ganz sicher ist, ob es das ist, was sie wirklich will. Schließlich entscheidet sie sich für ein Schinkensandwich. Es schmeckt ausgezeichnet. Nun stellt sie sich noch ihr Lieblingseis vor. Es klappt wunderbar. Während sie ihr Eis schleckt, sieht sie, wie ein Junge mit einem kleinen roten Auto herumfährt, das er bestellt hat. Ein Mädchen spielt mit einem Ball, und ein anderes führt einen Hund an der Leine spazieren. »Was soll ich mir wünschen?« denkt Lara.

»Ich hab's. Ich wünsche mir ein weißes Pferd.« Kaum sieht Lara ein weißes Pferd vor ihrem inneren Auge, sagt sie schnell »Smeralda«. Vor ihr steht in dem Augenblick ein richtiges großes, weißes Pferd. Lara schreit: »Das ist mein Pferd!« Das Pferd erschrickt – und galoppiert davon. Erst jetzt merkt Lara, daß es ja gar kein Halfter und keinen Sattel hat. Und sie wollte eigentlich ein Pferd zum Reiten und kein Wildpferd. In den Ferien durfte sie ein paarmal reiten. »Jetzt mache ich es besser«, denkt sie. Sie stellt sich ihr Wunschpferd ganz genau vor: Größe, Farbe, Sattel, Zaumzeug. Sie bestellt ein ruhiges Pferd, das sie leicht führen kann. Erst als Lara völlig sicher ist, sagt sie »Smeralda«. In dem Moment steht ihr Pferd vor ihr. Ihr Herz jubelt. Sie steigt auf. Sie fühlt sich wohl und sicher im Sattel und führt ihr Pferd zwischen den Pinien hindurch auf den Sandstrand. Sie läßt ihr Pferd, das sie Mistral nennt, traben. Zum Schluß macht sie sogar noch einen Galopp. Mistral ist ein wundervolles Pferd. Lara fühlt sich sehr sicher und genießt es. Im Schritt kehrt sie zu den anderen Kindern zurück. Hier hat sich das Bild unterdessen verändert. Verschiedene Tiere sind dazugekommen wie Schildkröte, Pferd, Hund, Katze, ein sprechender Papagei. Es gibt Fahrräder, Hängematten, ein Baumhaus und vieles mehr.

Plötzlich steht die Fee Smeralda wieder mitten unter den Kindern. »Den ersten Teil der Aufgabe habt ihr gut gelöst. Ihr habt mit eurer Vorstellungskraft verschiedene Dinge erschaffen. In eurer Welt funktioniert das gleich. Nur dauert es etwas länger, bis ein Gedanke Wirklichkeit wird. Im zweiten Teil geht es um andere Menschen. Auch hier könnt ihr euch ein Bild auszudenken nach eurem Wunsch. Es mag sein, wenn eure Vorstellung stark genug ist, daß der Wunsch schon so in Erfüllung geht. Gedanken haben nämlich Kraft. Häufig geht es darum, andere etwas zu fragen, sie um etwas zu bitten oder eure Meinung zu sagen. Falls der andere Mensch euren Wunsch nicht erfüllt, entwickelt ihr neue Ideen und schafft neue Bilder im Kopf. Ihr könnt auch miteinander verhandeln, bis es für beide stimmt.«

Und wieder verschwindet Smeralda. Für fast alle Kinder aus dieser Gruppe ist das tatsächlich ein schwieriger Teil. Sie trauen sich nicht, auf andere zuzugehen, aus Angst, zurückgestoßen oder ausgelacht zu werden. Aus Gewohnheit tragen viele in ihren Köpfen solche Bilder herum. In der Schule des Wünschens haben die Kinder jedoch gelernt, daß Gedanken Wirklichkeit werden. Ein Mädchen kommt auf Lara zu und fragt etwas unsicher, ob es das Pferd streicheln dürfe. Lara spürt sofort, daß das Mädchen eigentlich gern reiten möchte, aber nicht traut zu fragen. »Hast du Lust, auf Mistral zu reiten? Ich zeige dir, wie es geht«, sagt Lara. »Wirklich, machst du das?« Innerhalb kurzer Zeit haben sich verschiedene Kindergruppen gebildet, die miteinander spielen. Lara sieht lauter fröhliche Gesichter, hört Lachen und viele Stimmen, die durcheinander reden. Die Kinder erfahren, wie schön es ist, mit anderen zusammen zu spielen, zu lachen, zu erzählen. Und sie merken auch, daß bisher nur ihre eigene Angst und ihre Gedanken sie daran gehindert haben, das zu erleben. Lara macht ein Ballspiel mit einer kleinen Gruppe von Kindern. Sie fängt soeben den Ball, hält ihn fest – und erwacht.

Sie liegt in ihrem Bett und hat den Ball im Arm. Es ist schon heller Tag. Lara denkt an Smeralda und beginnt sich vorzustellen, was sie heute auf dem Spielplatz erleben möchte. Sie macht sich starke, farbige Bilder im Kopf, wie sie mit ihrem Ball auf den Spielplatz geht und ein Kind bittet, mit ihr zu spielen. Sie stellt sich vor, wie weitere Kinder dazu kommen. Es macht Spaß, sich solche Bilder im Kopf auszumalen. Einige Zeit später merkt Lara, wieviel Freude es macht, es dann auch wirklich zu erleben.

Wioschi

Wioschi steht auf dem höchsten Turm der Burg. Es ist ihr Lieblingsplatz. Hier hat sie Übersicht über den Burghof und die angrenzenden Gäßchen und Häuser. Nur kurz beobachtet sie die Kinder, die auf dem Burgareal »Himmel und Hölle« spielen. Ihre Spielkameraden werden sich wundern, wo sie bleibt. Normalerweise gibt es kaum ein Spiel ohne Wioschi. Heute hat sie aber Wichtigeres zu tun. Sie späht in die Richtung, wo das Schloß der Großmutter liegt. Dort weit hinter den Bergen muß es sein, sieben Tagereisen mit der Kutsche. Ihr Vater, der König, hat es ihr beim Frühstück erzählt. Gestern abend ist ein Bote eingetroffen mit einem Brief der Großmutter. Sie möchte Wioschi gern kennenlernen und lädt sie auf ihr Schloß ein. Für sie sei die Reise zu weit und zu anstrengend.

Ihre Mutter, die Königin, hat beschlossen, den Wunsch der Großmutter zu erfüllen, und würde in drei Wochen mit Wioschi und in Begleitung von Hofleuten die Reise antreten. Die Mutter hat ihr schon öfters vom Land der Großmutter erzählt. Es muß fantastisch sein. Das Schloß hat viele Türme und prachtvolle Räume. Es ist umgeben von einem wundervollen Park, wo es sogar Affen gibt, die auf den vielen Palmen herumturnen. An den Bäumen wachsen köstliche Früchte. Der Schloßgarten grenzt an einen riesigen Sandstrand und an das Meer.

Wioschis Herz hüpft vor Freude, wenn sie daran denkt, endlich ihre Großmutter und deren Land kennenzulernen. Aber sofort huscht ein Schatten über ihr Gesicht. Ihr gut gehütetes Geheimnis wird an den Tag kommen, wenn sie auf die Reise geht. Das darf nicht sein. Alle werden sie auslachen, wenn sie erfahren, daß sie, die siebenjährige Wioschi, die mutige Prinzessin, nachts noch Windeln braucht, weil sie sonst jeden Abend das Bett einnäßt. Sie hat es ihrer einfühlsamen Kammerzofe zu verdanken, daß niemand davon weiß.

Alle Kinder schätzen und bewundern Wioschi. Sie gilt als sehr mutig, springt über breite Gräben, klettert auf die höchsten Bäume. Sie rennt so schnell, daß nur ein paar große Jungen sie einholen können. Wenn ihre Augen auf eine bestimmte Art funkeln, wissen die Kinder, daß Wioschi einen Streich plant. Mit Wioschi ist es den Kindern nie langweilig. Und da die Prinzessin die tollsten Streiche erfindet und die Erwachsenen, vorab der König und die Königin, nur schmunzeln, vergeht kaum ein Tag, ohne daß die Kinder die Köpfe zusammenstecken und viel zu lachen haben.

Nein, denkt Wioschi, ich muß eine Lösung finden. Niemand darf erfahren, daß die mutigste aller Prinzessinnen noch ins Bett macht. Ihre Kammerzofe ist hilflos, und Wioschi hat ihr verboten, jemandem von ihrem Problem zu erzählen. Bis jetzt war ihr das Windeltragen in der Nacht völlig gleichgültig. Es gehörte einfach dazu. Aber das muß sich nun ändern! – Aber wie?

Ein großer Vogel umkreist den Turm und zieht Wioschis Aufmerksamkeit auf sich. So fliegen zu können wäre wunderschön! Dann wäre sie in zwei Tagen bei der Großmutter. Der Vogel zieht einen größeren Kreis und landet auf einem etwas entfernteren Hausdach, wo die weise alte Frau wohnt. Plötzlich weiß Wioschi, daß die alte Milena die einzige ist, die ihr helfen kann. Milena kennt viele Geschichten und ist sehr alt und weise. Wioschi rennt so schnell sie kann die Stufen des Turms hinunter und an den überraschten Kindern vorbei. Sie beachtet ihr Rufen nicht und spurtet über den Burghof. Erst bei der Tür der alten Milena hält sie an. Sie spürt vor Aufregung und wegen des schnellen Rennens ihr Herz klopfen. Wie soll sie es nur sagen? Am liebsten wäre sie wieder umgekehrt. Da taucht das Bild ihrer Großmutter vor ihrem inneren Auge auf. Fest entschlossen klopft sie an die Tür und tritt ein.

Und es geht ganz leicht. Wioschi erzählt, und die alte Milena hört zu. Hie und da stellt sie eine Frage. Wioschi schaut die alte

Frau gespannt an und wartet. Sie scheint auf einmal weit weg zu sein, ihre Augen blicken ins Weite. Plötzlich huscht ein verschwörerisches Lächeln über ihr Gesicht. Sie steht auf und sagt: »Komm mit!« Sie steigen die Treppen hinauf und kommen in einen Raum mit alten Möbeln, Truhen, Körben. Milena beginnt in den Truhen zu wühlen, während sie vor sich hin spricht. Wioschi wagt sie nicht zu stören. Plötzlich hält die alte Frau triumphierend einen Tuchfetzen hoch und winkt Wioschi, näher zu kommen. Sie setzen sich auf eine Truhe, und die alte Milena beginnt zu erzählen. Die Truhe stammt von ihrer Großmutter, die ebenfalls eine weise Frau war und bei einer Königsfamilie gedient hatte. Der Königssohn hatte jeden Abend ins Bett gemacht, und die Großmutter wußte, daß in diesem Fall nur eine Zauberwindel Abhilfe schaffen konnte. Die Zauberwindel war aus weißem Stoff und mit Zeichnungen und Symbolen bedeckt. Der Träger der Windel wählte die kraftvollen Zeichen selbst aus und bemalte den Stoff. Die alte Milena reicht Wioschi die Zauberwindel. Andächtig hält Wioschi die Windel hoch und bewundert die Zeichnungen darauf.

»Du mußt in den nächsten Tagen herausfinden, was dir Kraft gibt, ich werde in der Zwischenzeit den weißen Stoff und die Farben vorbereiten«, sagt Milena. Etwas verzagt meint Wioschi: »Ich weiß nicht, ob ich das kann!« »Und ob!« lächelt Milena, »halt einfach die Augen offen und achte auf das Gefühl im Bauch!« In diesem Augenblick erinnert sich Wioschi an den großen Vogel, der sie zum Haus der alten weisen Frau geführt hat. Sie erzählt die Geschichte, und Milena nickt: »Der große Vogel wird als erster deiner Zauberwindel Kraft geben!«

Den Rest des Tages durchstreift Wioschi die Burg und die Umgebung, ohne auf irgend etwas zu stoßen, das sie auf die Windel zeichnen könnte. In der Nacht hat sie einen ganz klaren Traum. Sie ist am Sandstrand beim Schloß der Großmutter und zeichnet immer wieder Spiralen in den Sand, einmal rechtsherum, einmal linksherum. Sie ist überglücklich, weil sie ihr Ziel erreicht hat. Sie braucht keine Windeln mehr.

Am Morgen kann Wioschi es kaum erwarten, Milena den

Traum zu erzählen. Milena hat alles bereitgelegt, und Wioschi zeichnet mit großer Liebe und Sorgfalt den großen Vogel und Spiralen auf die Windel. Sie weiß, daß die Windel noch mehr Kraft braucht.

Wioschi geht hinaus in den Wald. Sie fühlt sich von einem großen Baum mit einem mächtigen Stamm angezogen. Sie schaut ihn lange an und prägt sich sein Bild ein. Sie spürt von diesem alten Baum eine große Kraft ausgehen. Zufrieden hat sie den Baum auf die Windel gemalt. Er ist ihr gut gelungen. Die Windel ist wunderschön.

Am nächsten Morgen erwacht Wioschi aus angenehmen Träumen.

Die Sonne scheint ins Zimmer und taucht den Raum in ein schönes Licht. Wioschi blinzelt in die Sonne und spürt die Wärme auf ihrem Gesicht. »Ach ja, daß ich nicht früher darauf gekommen bin – die Sonne!« ruft Wioschi und springt aus dem Bett.

Etwas später ist sie bereits dabei, eine strahlende Sonne auf ihre Windel zu malen. »Jetzt fehlen nur noch die sechs W«, sagt die alte Milena. »Wioschis Wunder Windel oder Wacker Weiter Wagen!«

Überglücklich trägt Wioschi die Zauberwindel auf die Burg. Am liebsten hätte sie die Windel ihrer Freundin gezeigt, aber sie will ihr Geheimnis bewahren.

Während einer Woche zieht sie die Zauberwindel über der normalen Windel an, wie es ihr Milena gesagt hat. Die Zauberwindel braucht Zeit, um die Kraft zu entfalten.

Bereits am ersten Morgen ist Wioschi trocken. Am liebsten hätte sie die alten Windeln weggeworfen und nur die Zauberwindel angezogen. Aber sie hält sich an die Anweisung der alten weisen Frau. Nach einer Woche, in der die Windel am Morgen meist trocken ist, trägt Wioschi nur noch die Zauberwindel. Und sie wirkt!! Wioschi fühlt sich wie neugeboren, kraftvoll und stark. Jeden Morgen steigt sie auf den höchsten Turm der Burg und schaut in der Ferne, wo das Land der Großmutter ist. Sie spürt eine unbändige Kraft und Freude in sich.

Schlußbemerkung

Lernen kann fantastisch sein. Die meisten kleinen Kinder lernen auf spielerische Art und benutzen die Strategie »So-als-ob«, um sich in andere Realitäten zu versetzen. In der Schule wird das Kind leider noch zu oft von starken Normen in seinem individuellen Lernen, das bis dahin meist lustbetont war, eingeschränkt. Es verlernt dabei das Lernen. Lernblockaden sind an der Tagesordnung, begleitet von Unsicherheit, Angst und Frustration.

Wir brauchen aber in unserer Welt Menschen, die voll Zuversicht und Selbstvertrauen ihr Leben gestalten und so dazu beitragen, daß die Welt wieder ein Ort wird, wo wir uns wohlfühlen.

Meine Vision ist, daß immer mehr Menschen erkennen, welches Potential in der Gedankenkraft steckt. Wenn wir wirklich realisieren, daß wir mit unseren Gedanken die Welt erschaffen, in der wir leben, fangen wir an, Selbstverantwortung zu übernehmen. Die Energie folgt unseren Gedanken. Wir verstärken immer das, worauf wir unsere Aufmerksamkeit richten. Wir können den Tag beginnen mit der Frage:»Was will ich heute erschaffen?« Wir können für uns und unsere Kinder Übungen aus dem Buch anwenden, um unsere Fähigkeiten zu entwickeln, das Selbstvertrauen zu stärken, Kontakt zu unserem Unbewußten zu bekommen und die Lebensfreude zu steigern. Je stärker die Verbindung zu uns selbst ist, desto leichter können wir uns auch mit anderen Menschen verbunden fühlen.

Liebe und Achtsamkeit uns selbst, anderen Menschen und der Natur gegenüber ist unser wertvollster Beitrag für eine neue Welt.

Anmerkungen

1 Dilts, Robert; Mc Donald, Robert: Und dann geschieht ein Wunder. Tools of the Spirit. Angewandtes NLP. Junfermann, Paderborn 1998, S. 235

2 Kotulak, Ronald: Die Reise ins Innere des Gehirns. Junfermann, Paderborn 1998, S. 227

3 Weber, Winfried: Krankheit als Ausdrucksform. Haug, Heidelberg 1993, S. 39 f.

4 Csikszentmihalyi, Mihaly: Flow. Das Geheimnis des Glücks. Klett-Cotta, Stuttgart 1992, S. 11

5 Hermann, Hesse: Siddhartha. Suhrkamp, Frankfurt am Main 1974, S. 52 f.

6 Shapiro, Francine: EMDR Eye Movement Desensitization and Reprocessing. Grundlagen und Praxis. Junfermann, Paderborn 1998, S. 79

7 Sonnenschmidt, Rosina; Knauss, Harald: Die Sinne verfeinern. Vom verantwortlichen Umgang mit erweiterten Wahrnehmungen. VAK, Freiburg i.B. 1996, S. 190

8 Krotoschin, Henry: Huna-Praxis. Ullstein, Berlin 1996, S. 185

9 Chopra, Deebak: Die sieben geistigen Gesetze des Erfolgs. Heyne, München 1998, S. 69

10 Hayward, Jeremy W.: Briefe an Vanessa. Über Liebe, Physik und die Wiederverzauberung der Welt. Krüger, Ulm 1997, S. 179

Literatur

Blickhan, Daniela: Miteinander wachsen. NLP im Alltag mit Kindern. Junfermann, Paderborn 1995

Blickhan, D.; Seidel, I.: Mama, die Schule nervt! Wie Eltern ihren Kindern und sich selbst mit NLP helfen können. Herder Spektrum, Freiburg i. B. 1999

Blickhan, Daniela: Miteinander wachsen. NLP im Alltag mit Kindern. Junfermann, Paderborn 1995

Buchner, Christina: Stillsein ist lernbar. VAK, Freiburg i. B. 1994

Chopra, Deepak: Die sieben geistigen Gesetze des Erfolgs. Heyne, München 1998

Cleveland Bernard: Das Lernen lehren. Erfolgreiche NLP-Unterrrichtstechniken. VAK, Freiburg i. B. 1992

Csikszentmihalyi, Mihaly: Flow. Das Geheimnis des Glücks. Klett-Cotta, Stuttgart 1992

Day, Jennifer: Schließe deine Augen und stell dir einmal vor. Wie Kinder durch Visualisieren ihr Selbstvertrauen stärken und Probleme lösen. Kösel, München 1994

Dilts R.B.; Epstein, T.; Dilts, R.W.: Know how für Träumer, Strategien der Kreativität. Junfermann, Paderborn 1994

Dilts, Robert; Mc Donald, Robert: Und dann geschieht ein Wunder. Tools of the Spirit. Angewandtes NLP. Junfermann, Paderborn 1998

Hayward, Jeremy W.: Briefe an Vanessa. Über Liebe, Physik und die Wiederverzauberung der Welt. Krüger, Ulm 1997

Kirckhoff, Mogens: Mind Mapping. Synchron, Berlin 1988

Kline, Peter; Martel, Laurence, D: Die Schule spielend meistern. Ein Lern- und Arbeitsbuch. Junfermann, Paderborn 1997

Klinghardt, Dietrich Dr. med.: Lehrbuch der Psycho-Kinesiologie. Bauer, Freiburg i. B.1998

Köster Susanne: Wie Sonnenschein und Puschel sich ihre Welt verzaubern. VAK, Freiburg i. B. 1999

Kotulak, Ronald: Die Reise ins Innere des Gehirns. Junfermann, Paderborn 1998

Krebs, Charles; Brown, Jenny: Lernsprünge. Eine bahnbrechende Methode zur Integration des Gehirns. VAK, Freiburg i. B. 1998

Krotoschin, Henry: Huna-Praxis. Ullstein, Berlin 1996

Kündig, Doris; Lötscher, Hedy; Steiner, Katrin: Zauberworte. Geschichten, die Mut machen und die Phantasie anregen. Veritas, Linz 1995

Kündig, Doris; Lötscher, Hedy; Steiner, Katrin; Weiss, Oskar (Bilder): Traumfreunde. Palazzo, Zürich 1998

Kutschera, Gundl: Tanz zwischen Bewußt-sein und Unbewußt-sein: NLP-Arbeits- und Übungsbuch. Junfermann, Paderborn 1994

Libermann, Jacob: Natürliche Gesundheit für die Augen. Integral, München 1995

Lloyd, L.: Des Lehrers Wundertüte, NLP macht Schule. VAK, Freiburg 3. Aufl., 1995

Lötscher-Gugler, Hedy: Auf den Schwingen des Glücks. Blockierte Energien lösen. Walter, Düsseldorf 2006

Luther, M.; Maass, E.: NLP-Spiele-Spectrum: Basisarbeit. Übungen – Spiele – Phantasiereisen. Junfermann, Paderborn 1994

O'Connor, J.; Seymour, John: Neurolinguistisches Progammieren: Gelungene Kommunikation und persönliche Entfaltung. VAK, Freiburg i. B. 1992

Pichler, Ölwin H.: Lehrbuch der Neuen Homöopathie nach Erich Körbler, Skript I- VI, Ehlers, Dietramszell 1998

Ritschl, Karsten: Der Geist des NLP, Neurolinguistischs Progammieren zum Kennenlernen. Simon & Leutner, Berlin 1996

Shapiro, Francine: EMDR Eye Movement Desensitization and Reprocessing. Grundlagen und Praxis. Junfermann, Paderborn 1998

Sheldrake, Rupert; Fox, Matthew: Die Seele ist ein Feld. Der Dialog zwischen Wissenschaft und Spiritualität. O. W. Barth, München 1998

Sonnenschmidt, Rosina; Knauss, Harald: Die Sinne verfeinern. Vom verantwortlichen Umgang mit der erweiterten Wahrnehmung. VAK, Freiburg i. B. 1996

Sonntag, Robert: Blitzschnell entspannt. Trias, Stuttgart 1998

Spangenberg, Brigitte: Hans vertreibt die Geister. Therapeutische Märchen für Kindernöte. Kreuz, Zürich 1999

Teml, Helga; Teml, Hubert: Komm mit zum Regenbogen. Phantasiereisen für Kinder und Jugendliche. Veritas, Linz 1991

Tumpold, E.; Wechdorn, S.; Feichtenberger, C.: Schulangst – nein danke! Kinesiologische Übungen für Selbstvertauen und ganzheitliches Lernen. Knaur, München 1995

Weber, Winfried: Krankheit als Ausdrucksform. Haug, Heidelberg 1993

Erläuterungen zu den Therapieformen

Neurolinguistisches Programmieren (NLP)
Das Neurolinguistische Programmieren wurde in den 70er Jahren in den USA von den Forschern John Grinder und Richard Bandler entwickelt. Sie hatten es sich zum Ziel gesetzt, herauszufinden, wie die drei erfolgreichsten Therapeuten Virginia Satir, Milton Erickson und Fritz Perls im einzelnen vorgingen, um so wirkungsvoll ihre Klienten unterstützen zu können. Durch systematische Beobachtungen fanden sie Kommunikationsmuster und Strategien heraus. Daraus entwickelte sich ein Lernsystem, das sie Neurolinguistisches Programmieren nannten. NLP befaßt sich mit subjektiven Erfahrungen und untersucht, wie diese im Gehirn verarbeitet und gespeichert werden. Erfahrungen, also alles, was wir sehen, hören, fühlen, riechen, schmecken, werden von den einzelnen Menschen sehr unterschiedlich erlebt und gespeichert, je nachdem, welche Prägungen sie in den ersten Lebensjahren erfahren haben. NLP bietet viele Werkzeuge an, wie sie auch in diesem Buch beschrieben werden, um einschränkende Verhaltensmuster, Gefühlsmuster und Denkmuster zu verändern. Mit Interventionen aus dem NLP ist es möglich, prägende Lebenssituationen und damit verbundene einschränkende Glaubenssätze aus der frühen Kindheit zu verändern und damit die eigene Lebensgeschichte umzuschreiben. NLP ermöglicht, in Kontakt zu kommen zu Fähigkeiten und positiven Erfahrungen und dadurch immer mehr der Mensch zu werden, der man sein möchte. Lernen mit NLP ist vielseitig und hochwirksam: Prüfungsängste und Streß können abgebaut werden, Ziele können sicher und leicht erreicht werden, Motivation und Selbstver-

trauen werden erhöht, Fähigkeiten werden optimiert, Herausforderungen werden spielend angenommen und die Lebensqualität gesteigert. Arbeit mit NLP ist sehr effizient. Ein einziger Übungsdurchgang kann zum Ziel führen. Für Menschen, die sich manchmal jahrelang mit dem gleichen Problem herumschlagen, wirkt das oft wie Zauber. Durch das Auflösen des zugrundeliegenden Musters, das oft unbewußt ist, kann sich eine Störung sehr schnell in Harmonie verwandeln. Gefühle, Verhaltensweisen und Überzeugungen werden verändert. Menschen erleben dadurch eine neue Freiheit, fangen an, ihre Vorstellungskraft zu nutzen und Selbstverantwortung zu übernehmen.

NLP kann man für sich persönlich nutzen, um kreativ und voll Energie sein Leben zu gestalten. Man kann es überall einsetzen, wo man es mit Menschen zu tun hat, um die Kommunikation zu verbessern oder andere zu unterstützen, ihre Ressourcen so zu organisieren, daß sie ihre Ziele leicht erreichen und das Leben führen können, das sie sich wünschen.

Neue Homöopathie nach Erich Körbler®

Der Wiener Lebens-Energieforscher Erich Körbler hat eine Therapieform entwickelt, die sich Neue Homöopathie nennt. Man könnte sie auch als Informationstherapie oder Schwingungstherapie bezeichnen, weil sie auf der Informations- oder Energieebene des Menschen ansetzt. Es ist ein ganzheitliches Verfahren. Körbler entwickelte Strichkombinationen (»Vektoren«) und Grundformen der Neuen Homöopathie (balkengleiches Kreuz, Ypsilon und Sinus), um Störungen und Disharmonien auf der körperlichen, emotionalen und mentalen Ebene auszugleichen.

Geometrische Formen oder Symbole wurden in allen Kulturen der Menschheitsgeschichte zum Heilen verwendet. Dieses Wissen hat sich weitgehend verloren. Körbler hat es wiederentdeckt und in eine zeitgemäße Systematik gebracht auf der Basis der Erkenntnisse der Neuen Physik (Chaosphysik) und der Biophysik.

Das Ausbildungszentrum für Neue Homöopathie nach Erich Körbler® in der Nähe von München bietet seit 1996 eine Ausbildung zum Lebens-Energie-Berater® oder zum Lebens-Energie-Therapeuten® an (www.lebens-energie.de).

naturwissen
Ausbildungszentrum für Lebensenergie
Lebens-Energie-Produkte und Dienstleistungen

Zusätzliche Magic line cards können bestellt werden bei:

Hedy Lötscher-Gugler
www.tierra-sol.ch
E-Mail: hedy.loetscher@tierra-sol.ch

Hedy Lötscher-Gugler
**Auf den Schwingen
des Glücks**
Blockierte Energien lösen
220 Seiten
ISBN 978-3-491-40117-4

Unbewusste innere Blockaden und negative Vorstellungen
hindern uns häufig daran, glücklich zu sein. Dabei ist es
verblüffend einfach, solche Muster aufzulösen und blockierte
Energien zu befreien: Mit Hilfe von Hedy Lötscher-Guglers –
u.a. aus dem NLP – neu entwickelten »magischen Werkzeugen«
ist es möglich, psychische Altlasten zu beseitigen und zu
körperlichem Wohlbefinden, innerer Stärke und wahrem
Lebensglück zu finden.

 Patmos

Dieter Krowatschek,
Holger Domsch
**Stressfrei
in die Schule**
Ängste überwinden
200 Seiten
ISBN 3-530-40192-7

Für viele Kinder ist Schule einfach nur schrecklich: sie haben
Prüfungsangst, fühlen sich überfordert, fürchten sich davor,
ausgelacht zu werden. Doch Erwachsene können etwas tun,
damit Kinder stressfrei in die Schule gehen! Wie Schul- und
Prüfungsängste zu bewältigen sind, zeigen die Autoren anhand
zahlreicher Fallbeispiele und vieler praktischer Hilfestellungen:
von Atem- und Muskelentspannungsübungen, mentalem
Training bis zum konkreten Prüfungsvorbereitungsprogramm.
Ein Buch, das Eltern, Kindern und Lehrern hilft, die alltägliche
Angst zu besiegen

 Patmos